Lucia Jay von Seldeneck
Carolin Huder / Verena Eidel

111 Orte in Berlin, die man gesehen haben muss

Band 2

emons:

Bibliografische Information der Deutschen Nationalbibliothek
Die Deutsche Nationalbibliothek verzeichnet diese Publikation in der Deutschen Nationalbibliografie; detaillierte bibliografische Daten sind im Internet über http://dnb.d-nb.de abrufbar.

Gestaltung: Eva Kraskes, nach einem Konzept
von Lübbeke | Naumann | Thoben
Kartografie: Regine Spohner
Kartenbasisinformationen aus Openstreetmap,

Druck und Bindung: B.O.S.S Druck und Medien GmbH, Goch
Printed in Germany 2013
ISBN 978-3-95451-207-2
Originalausgabe

Vorwort

Berlin ist jetzt. Und jetzt. Und jetzt. Jeder, der diese Stimmung einmal aufgenommen hat, wird zugeben: Man kann unmöglich aufhören mit dem Entdecken dieses Wunderdingens. Wir treiben also weiter durch die Stadt, spüren Orte auf und markieren sie sorgfältig als Punkte in unserem Stadtplan.

Berlin erklärt sich nicht selbst – man muss schon runter vom Sofa und selbst auf Entdeckungsreise gehen. Wir haben neue Fährten gelegt, die dieses unbegreifliche Berlin näherbringen: Wo findet man den Saloon, in dem die Cowboys dieser Stadt den Can-Can-Tänzerinnen unter die Reifröcke gucken, welche Zeit lebt weiter in der französischen Geisterstadt, und wem gehört das Spreeufer wirklich? Unterwegs haben wir den Mittelpunkt von Berlin und die rostgold glänzenden Fensterscheiben vom Palast der Republik aufgespürt. Vielleicht finden wir am Ende des Regenbogens nicht immer den goldenen Topf, aber in jedem Fall ein Teil, das dieses Riesenpuzzle ausmacht.

Und wieder einmal ist klar geworden: Berlin ist nicht ein Ganzes, sondern ein Vielfaches. In den neuen Fundstücken wohnen Farben, Gerüche, Geschichten und ganz eigene Stimmungen. In ihnen verrät sich Berlin augenblicksweise – und manchmal auch mit einem Augenblinzeln.

Es gibt keine festen Regeln und Anleitungen, um Berlin kennenzulernen, außer der einen: Man muss einfach anfangen. Und dranbleiben. Berlin macht schließlich auch immer weiter. So wie gerade jetzt. Und jetzt. Also los!

111 Orte

1 Die Alte Liebe
Eine, die sich treu bleibt | 10

2 Alt-Marzahn
Viele Grüße aus dem Gebirge! | 12

3 Der Ameisen-Shop
Bei den Aufräumern | 14

4 Das Anti-Kriegs-Museum
Mission für den Frieden | 16

5 Das Archiv der DDR-Opposition
Die Erben des Robert Havemann | 18

6 Die Arminiusmarkthalle
Echt 21 | 20

7 Das Auktionshaus Beier
Lass dich überraschen! | 22

8 Die Aula
In der ehemaligen jüdischen Mädchenschule | 24

9 Die Autobahnausfahrt Sachsendamm
Ein kleines bisschen Endzeitstimmung | 26

10 Das Automatophone-Kabinett
La musique automatique | 28

11 Das Ave Maria
Ernst gemeint | 30

12 Die Bäckerei
Der Brotofen von Pankow | 32

13 Der Bärlauch-Teppich
Die besondere Note vom Plänterwald | 34

14 Der Baum mit Botschaft
Wenn die Worte fehlen | 36

15 Das BergWerk
Gut fürs Ego | 38

16 Die Betbank
Einladung zum Innehalten | 40

17 Der Biberausstieg
Wem gehört die Spree? | 42

18 Der Brommy-Balkon
Spreehawaii früher und heute | 44

19 Die Bucht an der Schleusenbrücke
Abtauchen unterm alten Sockel | 46

20 Das Café in der Gartenakademie
Wo der Frühling zu Hause ist | 48

21 Das Carillon
An einem Sonntag im Tiergarten | 50

22 Die Cité Foch
Die Geisterstadt aus den 70ern | 52

23 Der Denkmalsockel
Aufruf zum Frieden | 54

24 Der DenkOrt
Das wachsende Gedenken | 56

25 Die Düne
Tag am See | 58

26 Das Eastgate
Kein Zufall | 60

27 Das ehemalige Kinderkrankenhaus
Ruine für Einsteiger | 62

28 Der Eiffelturm
Wedding – Mon Amour! | 64

29 Die Eisbahn
Die Ärzte, Pommes Schranke und weiche Knie | 66

30 Das erste Haus an der Karl-Marx-Straße
Der Marx und der Engel | 68

31 Die ExRotaprint-Kantine
Das neue Eigentum | 70

32 Fichú
Über die Mode erhaben | 72

33 Das Flugfeld Johannisthal
Eine Ahnung vom Fliegen | 74

34 Das Fort Hahneberg
Bereit für den Angriff – der nie kam | 76

35 Das Freibad Plötzensee
Die Mischung macht's | 78

36 Der Friedenspark
Auf den Kuckucksbergen | 80

37 Das Friedhofscafé
Ein lebendiger Ort | 82

38 Das Funkturm-Restaurant
Eine Perle der Lüfte | 84

39 Das Georg-Kolbe-Haus
Refugium unter Kiefern | 86
40 Die Givebox
Geschenkt! | 88
41 Die Gründerzeit-Platte
Ein echter Hingucker | 90
42 Die grünen Dächer
Nachmachen erwünscht | 92
43 Die hängenden Gärten
Die frischesten Pilze in der Stadt | 94
44 Das Haus, in dem die U-Bahn verschwindet
Immer der Nase nach | 96
45 Haus Zenner
Komm tanzen! | 98
46 Die Hofschmiede
Von der Liebe zum Metall | 100
47 Das Holländerviertel
Ein Vorbild für das Mehrgenerationenwohnen | 102
48 Der Judengang
Halb privater Grünraum | 104
49 Die Jurte
Kommt zusammen! | 106
50 Der JVA-Shop
Die gute Tat zum kleinen Preis | 108
51 Der Kaisersteg
Überbleibsel einer großen Sinfonie | 110
52 Das Kaninchenfeld
Das verlorene Paradies | 112
53 Die Kant-Garagen
Denkmalwürdige Kurven | 114
54 Die Kiesgrube
Naherholung leicht gemacht | 116
55 Der Kletterbaum
Gibt dir das Leben einen Puff … | 118
56 Die Knabberfisch-Becken
Fußpflege mit Fischen | 120
57 Knopf Paul
Eine Schatzkammer | 122
58 Die Konditorei Buchwald
Zu Gast beim König der Kuchen | 124

59 Das Krematorium
Erde, Wasser, Licht und Trost | 126

60 Der Kunstsalon
Die Bilder der Gebrüder Posin | 128

61 Der Kuppelsaal
Eine Kathedrale für den Sport | 130

62 Die Liebespaarbank
Die unbekannten Nackten auf Europas schönstem U-Bahnhof | 132

63 Die Linde in der Linde
Künstler: Die Natur | 134

64 Der Lokschuppen
Ein Relikt aus der Kohlezeit | 136

65 Mary's Saloon
Back in the saddle again ... | 138

66 Die Maschinenhalle
Eine Kathedrale für die Technik | 140

67 Das Materiallager
Kreative Mischung | 142

68 Der Mauer-Wald
Wandel der Zeiten | 144

69 Der Mittelpunkt Berlins
Der Zankapfel | 146

70 Die Müggelseefischerei
Fischers Netze und frische Fische | 148

71 Das Museum der unerhörten Dinge
Unglaublich und teilweise wahr | 150

72 Mutter Fourage
Lebendige Nostalgie | 152

73 Das Neuköllner Nussdepot
Von Cashew bis Melonenkern | 154

74 Die Pagode Linh Thuu
Zu Besuch bei Buddha | 156

75 Paule III
Manpower auf der Müggelspree | 158

76 Die Pelmeni-Welt
Gleich hinterm Ostbahnhof | 160

77 Der Piano Salon
Tastenläufe auf Schienen | 162

78 Der Plattenpalast
Eine Berliner Resteverwertung | 164

79 Das Relief
Denkmäler für Alltagshelden | 166
80 Der Rheingauer Weinbrunnen
Man sieht sich | 168
81 Die Ruine der Künste
Der Lauf der Dinge | 170
82 Der Rundblickbeobachtungsturm
Ein stummer Zeitzeuge | 172
83 Der runde Hinterhof
Das versteckte Unikum | 174
84 Der Russische Friedhof
Ein Fleck Heimaterde | 176
85 Die Schilder-Meile
Das St. Pauli von Berlin | 178
86 Schloss Biesdorf
Alte und neue Wirklichkeiten | 180
87 Der Schlüssel-Baum
Das Geheimnis von Stralau | 182
88 Der Schrotkugelturm
38 Meter freier Fall | 184
89 Die Schuhputzfabrik
Industrieromantik pur | 186
90 Der Scube Park
Komm, lass uns ausziehen | 188
91 Der Selbstmörderfriedhof
Auf Leben und Tod | 190
92 Die Skyline-Cafeteria
Naseplattdrücken über der Stadt | 192
93 Das Sockelgeschoss
Die Kathedrale der Skulpturen | 194
94 Das Spitteleck
Die erste Leuchtreklame in Ostberlin | 196
95 Die Splanemann-Siedlung
Die erste Platte Deutschlands | 198
96 Das Stadtbad Steglitz
Alte Schönheit neu in Betrieb | 200
97 Das Straßenbahndepot
Pittoresk mit Gruselfaktor | 202
98 Tautes Heim
Ein original Zuhause | 204

99 Das Tieranatomische Theater
Ein Fenster zur Wissenschaft | 206

100 Der Tierpräparator
Schönheit bewahren | 208

101 Die Tuileriensäule
Versteck mit Aussicht | 210

102 Der Tulpenbaum
Ein Denkmal der Natur | 212

103 Die Uhr der fließenden Zeit
»Mehr West-Berlin geht nicht« | 214

104 Das Wandbild
Die große Familie | 216

105 Der Waschsalon
Freddy Leck – Der Fleck muss weg! | 218

106 Der Weingarten
Der Klimawandel macht's möglich | 220

107 Die Wiesenburg
Der Zaubergarten an der Panke | 222

108 Die Wohnung der Anna Seghers
Der Schatz der Schriftstellerin | 224

109 Der Zauberkönig
Scherze aus Tradition | 226

110 Die Zukunft
Einfach machen! | 228

111 Die Zwingli-Kirche
Showroom in der Lichterstadt | 230

1 Die Alte Liebe

Eine, die sich treu bleibt

Geschafft! Man muss sich zuerst noch an das leichte Schwanken gewöhnen – aber es ist geglückt: Der beste Platz auf der Alten Liebe ist ergattert. Diesen Tisch ganz hinten am Heck, direkt an der Reling, kann man nicht reservieren: Man muss ihn erobern! Einen romantischen Sonnenuntergang mit Blick über das Schilf und die kleinen verwunschenen Buchten am Ufer kann man zwar von allen Tischen auf dem Restaurantschiff aus erleben – aber die ungestörte Sicht über Wasser und Weite und das Hochgefühl, ganz vorne zu sitzen bei diesem imposanten Naturschauspiel rundherum, das hat man nur an diesem einen Platz.

Der besondere Wannsee-Geruch mit seiner Mischung aus Wasser, Benzin und dem gewissen undefinierbaren algig-frischen Etwas kitzelt in der Nase. Der Wind weht leicht, und die Sonne wärmt die Haut. Und weil das alles so gut passt, hat es die Alte Liebe auch nicht nötig, sich übermäßig aufzubrezeln. Sie braucht keine Extravaganzen. Und das ist sehr erholsam. Auf den Tischen liegen schlichte weinrote Gastro-Tischdecken, es gibt ein Pils oder eine Tasse Kaffee, und auf der Speisekarte stehen unter anderem Matjes, Bratkartoffeln, Sülze.

Die Alte Liebe möchte nicht auftrumpfen, hervorstechen oder mit besonderen Events locken, sie nimmt sich zurück und ist, was sie ist: ein altes Hamburger Hafenschiff im Ruhestand. Und das jetzt auch schon seit über 100 Jahren. Sie liegt würdevoll und erhaben hier an ihrem Steg und bekommt mit, was die Ausflügler berichten und die Stammgäste seit dem letzten Besuch erlebt haben. Nur aus der Ruhe kann sie nichts bringen.

Hin und wieder kommt Jakob die Krähe vorbei. Er hat jegliche Scheu überwunden, sitzt auf der Reling und blickt frech über die Tische hinweg. Die Enten jagen sich laut schnatternd, und am anderen Ufer bellt irgendwo ein Hund. Die Havel-Idylle ist nicht zu toppen – und das soll bitte auch die nächsten 100 Jahre so bleiben.

Adresse Havelchaussee 107, 14055 Berlin-Charlottenburg, www.alte-liebe-berlin.de | **Öffnungszeiten** April–Okt. täglich 12–22 Uhr, Nov.–März Do–So 12–19 Uhr | **ÖPNV** Bus 218, Haltestelle Am Postfenn | **Tipp** Sich treiben lassen: Rundherum gibt es die allerbesten Voraussetzungen dafür, schwimmen, durch den Wald laufen, ein Boot mieten, ein Schläfchen irgendwo am Ufer machen …

2 Alt-Marzahn

Viele Grüße aus dem Gebirge!

Es ist nicht schwer, sich das vorzustellen: Die Hochhäuser sind hohe Berge, man fährt durch Schluchten und Täler, vorbei an wilden Wiesen, und in der Mitte der Straße schnauft die gelbe Bergbahn dem Pass entgegen. Und dann plötzlich am Straßenrand: eine alte Mühle mit großen dunklen Windrädern. Man verlässt die schnurgerade Talstraße – und kommt hinter einem Hügel in einem abgelegenen uralten Dorf zum Stehen. Die Ziegen meckern auf dem saftigen Hang am Fuße der Mühle, es riecht frisch und erdig und sommerwarm. Hochbetagte Traktoren und Pflugscharen stehen unter knorrigen Obstbäumen im Schatten. Die Zeit ist angehalten.

Durch eine kleine holprige Gasse mit niedrigen Häusern und fast genauso hohen Rosenstöcken davor gelangt man zu der kleinen steinernen Kirche. Rund um das Dorfzentrum ragen die Gipfel der umliegenden Bergketten in die Höhe.

Wenn man zur richtigen Jahreszeit hierherkommt, blühen überall vor den alten Gehöften rund um den Dorfanger die Rosen. Treffpunkt zur Mittagszeit ist der Fleischer an der Kirche. Hier gibt es nicht nur Mittagstisch und frisches Fleisch – hier kommen die Menschen aus den umliegenden Bergen und die Talbewohner zusammen und erzählen sich die Neuigkeiten aus der Region. Man beobachtet, wie ein Bauer das Heu mit einem Ochsenkarren von den Feldern einfährt. Aber das sieht man heute nicht mehr in echt, sondern nur auf dem Wandbild hinter der Fleischtheke.

Das alte Dorf Marzahn hat hier all die Jahre standgehalten, ein enormes Gebirge ist rundherum in die Höhe geschossen, aber das Leben im Dorf hat sich davon nicht seine Ruhe nehmen lassen. Es ist ein Ort, der beweist: In Berlin ist eben nicht immer alles so, wie es auf den ersten Blick scheint. Denn wer hätte gedacht, dass man von einem Ausflug aus Marzahn zurückkommt und sich fühlt, als wäre man einen Tag in den Bergen gewesen.

Adresse Alt-Marzahn, 12685 Berlin-Marzahn | **ÖPNV** Tram M 8, M 18, Haltestelle Alt-Marzahn; Bus 154, 192, Haltestelle Alt-Marzahn | **Tipp** Selbstgemachtes: Im Hofladen der Tagesstätte für Suchtkranke, Alt-Marzahn 31, findet man unter anderem Seifen, Puppenwagen, Marmeladen und Regale, alles auf dem alten Hof gemacht.

3 Der Ameisen-Shop

Bei den Aufräumern

Die Lage ist nicht gerade ideal für Laufkundschaft. Aber die hat der »Antstore« auch nicht nötig. Alle, die hier über die Treppe in den ersten Stock finden, kommen nicht zufällig vorbei. Sie kommen wegen der Ameisen. In Röhrchen verpackt kann man hier zum Beispiel eine kleine Kolonie bestehend aus einer Königin und einigen Arbeiterinnen erwerben und mit nach Hause nehmen.

Doch der Laden ist nicht nur was für Ameisen-Halter. Es gibt jede Menge zu sehen: In dem zur Hälfte aufgeschnittenen Ameisenhügel kann man hinter einer Glasscheibe beobachten, wie unzählige Ameisen durch die Gänge eilen. Vor dem Hügel stehen ein winziges Tellerchen mit Schinken und daneben ein Schüsselchen mit Honig.

Bisher konnte der Mensch die Kommunikation dieser Tiere noch nicht vollständig erforschen. Fest steht, dass Ameisen sieben verschiedene Duftdrüsen haben und ihre gesamte Verständigung über unterschiedliche Geruchsmischungen abläuft. Und dass sie kommunizieren, das kann man hier beobachten. Durch alle Räume des Ladens führen unter der Decke durchsichtige Plastikrohre, durch welche die Ameisen ohne Unterlass in beide Richtungen flitzen. An einem Ende des überirdischen Ganges liegt ein Haufen mit Blättern, am anderen wächst auf einem Humushügel ein Pilz, den die Tiere mit zerkleinerten Blättern füttern, damit sie sich wiederum von dem Pilz ernähren können.

Alles schafft und schuftet, hastet und eilt ohne Unterlass. Die Gruppe, welche die zerstückelten Blätter von ihren Kollegen übernimmt und zum Pilz schafft, bringt in ihrem sogenannten »Sozialmagen« auf dem Rückweg ein bisschen Nahrung mit und füttert auf dem Weg die anderen – und die wiederum füttern die nächsten, welche die Blätter durch die Rohre heranschaffen, und immer so weiter. Wenn man es weiß, kann man es beinahe sehen, wenn sich zwei Ameisen im Rohr begegnen und kurz innehalten.

Adresse Selerweg 41, 12169 Berlin-Steglitz | **Öffnungszeiten** Mo–Fr 9–12 und 13–18 Uhr, 1. Sa im Monat 12–16 Uhr | **ÖPNV** Bus M 82, X 83, 282, 284, 380, Haltestelle Steglitzer Damm/Bismarckstraße, Bus 181, Haltestelle Selerweg | **Tipp** Der Insulaner: Auf dem Schöneberger Trümmerberg kann man im Planetarium Sterne betrachten, im Freibad schwimmen und vom Gipfel aus über Süd-West-Berlin blicken.

4 Das Anti-Kriegs-Museum

Mission für den Frieden

Wenn man durch die Tür tritt, sieht man sie direkt an. Die zertrümmerten und entstellten Gesichter, die auf großen Fotos an der Wand gegenüber hängen. So schnell kann man die Augen gar nicht schließen oder den Kopf zur Seite drehen. Diese Bilder vergisst man nicht mehr.

Es sind die Porträts von Kriegsverletzten aus dem Ersten Weltkrieg, die Ernst Friedrich 1925 für sein erstes Anti-Kriegs-Museum in Berlin-Mitte auswählte. Er wollte damit ein besonderes Denkmal für den Frieden setzen, kein Ehrenmal oder Kriegsdenkmal, sondern ganz im Gegenteil eines, das die Schrecken und Leiden zeigt. Doch das kam nicht besonders gut an. Schließlich war der Nationalstolz nach der Niederlage ziemlich angeknackst, und so kam es, dass Ernst Friedrich in der Weimarer Republik insgesamt 13-mal angeklagt wurde, vor allem wegen Beleidigung der Reichswehr. Seine Mission für den Frieden brachte ihm drei Jahre Gefängnis und später, als das Museum von den Nationalsozialisten längst geschlossen war, KZ ein. Doch er machte weiter, konnte emigrieren, schaffte es, sein Museum in Brüssel wieder aufzubauen. Doch auch dort wurde es nach dem Einmarsch zerstört.

Heute ist das »Friedens-Museum« in einer kleinen Kopfsteinpflasterstraße im Wedding zu Hause und zeigt uns, was wir uns nicht vorstellen können: nämlich, was Krieg bedeutet. Im Keller wird das spürbar. Dort, hinter der schweren eisernen Tür, betritt man einen original eingerichteten Luftschutzkeller. Ein Stockbett und einige Stühle füllen den Raum fast ganz aus.

An der Wand lehnt eine Holztür. Sie stammt aus einem Keller in Neukölln. Auf dem Holz haben die Menschen aus jenem Haus jeden Luftangriff notiert, mit Datum und Uhrzeit. Wenn man die langen Zeilen unter den Jahreszahlen hinunterguckt, bekommt man mit einem Mal eine Ahnung davon, wie es sich anfühlen muss, nicht zu wissen, wie es weitergeht, jeden Tag in Ungewissheit zu verbringen.

Adresse Brüsseler Straße 21, 13353 Berlin-Wedding | Öffnungszeiten täglich 16–20 Uhr | ÖPNV U9, Haltestelle Amrumer Straße; Tram M13, 50, Haltestelle Seestraße/Amrumer Straße; Bus 221, Haltestelle Seestraße/Amrumer Straße | Tipp Berlin Gin: In der Preußischen Spirituosen Manufaktur in der Seestraße 13 werden alte Destillier-Traditionen bewahrt: »Adler Berlin Dry Gin« heißt das Ergebnis (Hofverkauf Mo–Fr 11–19 Uhr).

5 Das Archiv der DDR-Opposition

Die Erben des Robert Havemann

… zum Beispiel Edgar Guhde. Er schrieb in den 1950ern einen Brief an seine Partei, die SED. Auf 50 Seiten umriss Guhde darin einen Entwurf, wie der neu gegründete sozialistische Staat – an den er selbst fest glaubte – verbessert und weiterentwickelt werden müsse. Er bekam dafür fünf Jahre und 98 Tage Gefängnis.

Heute liegt der Original-Brief im ersten Stock des Archivs der Robert-Havemann-Gesellschaft, in einem lichtundurchlässigen Karton und mit Schutzpapier zwischen den Seiten. Auch sein Haftbefehl wird hier aufbewahrt. Es sind wertvolle Dokumente, denn sie zeigen, wie das Regime der DDR auf Kritik reagierte – und wie sich gegen diese Willkür immer mehr Widerstand formierte.

»Symbole, Parolen und Transparente« steht auf der obersten Schublade im zweiten Stock. Und wenn man an den Regalen mit den Flugblättern, Fotos, Filmmitschnitten und Briefen entlanggeht, dann wird einem bewusst: Was hier archiviert und damit vor dem Vergessen bewahrt wird, das ist die Geschichte einer Protest-Bewegung, von der man viel zu wenig weiß.

Die allererste Sammlung von Oppositionsschriften wurde noch vor der Wende in den 1980er Jahren im Keller der Zionskirche zusammengetragen. Hier, in der »Umweltbibliothek«, erfuhr man, woran einzelne Gruppen arbeiteten – und konnte sich verbotene Bücher ausleihen. Nach dem Mauerfall waren es unter anderem diese Dokumente, die eine kritische Auseinandersetzung überhaupt erst möglich machten. Die Robert-Havemann-Gesellschaft verwaltet ein großes Erbe – unter anderem auch den gesamten Nachlass ihres Namensgebers, dem wohl prominentesten Kritiker des DDR-Systems. Aber sie lässt dieses Erbe nicht in den Regalen stehen: Auf Ausstellungen, Internetseiten und Arbeitsblättern werden die Ideen der Revolution weitergegeben.

Adresse Robert-Havemann-Gesellschaft e. V., Schliemannstraße 23, 10437 Berlin-Prenzlauer Berg, www.havemann-gesellschaft.de | **Öffnungszeiten** Mi 10–18 Uhr, Mo, Di, Do, Fr 10–15 Uhr | **ÖPNV** S 8, S 9, S 41, S 42, S 85, Haltestelle Prenzlauer Allee; U 2, Haltestelle Schönhauser Allee; Tram M 2, Haltestelle Fröbelstraße; Tram 12, Haltestelle Stargarder Straße | **Tipp** Orte des Widerstandes: Im Prenzlauer Berg wurde die Revolutionsbewegung Ende der 1980er Jahre immer entschlossener, zum Beispiel in der Gethsemanekirche und der Zionskirche.

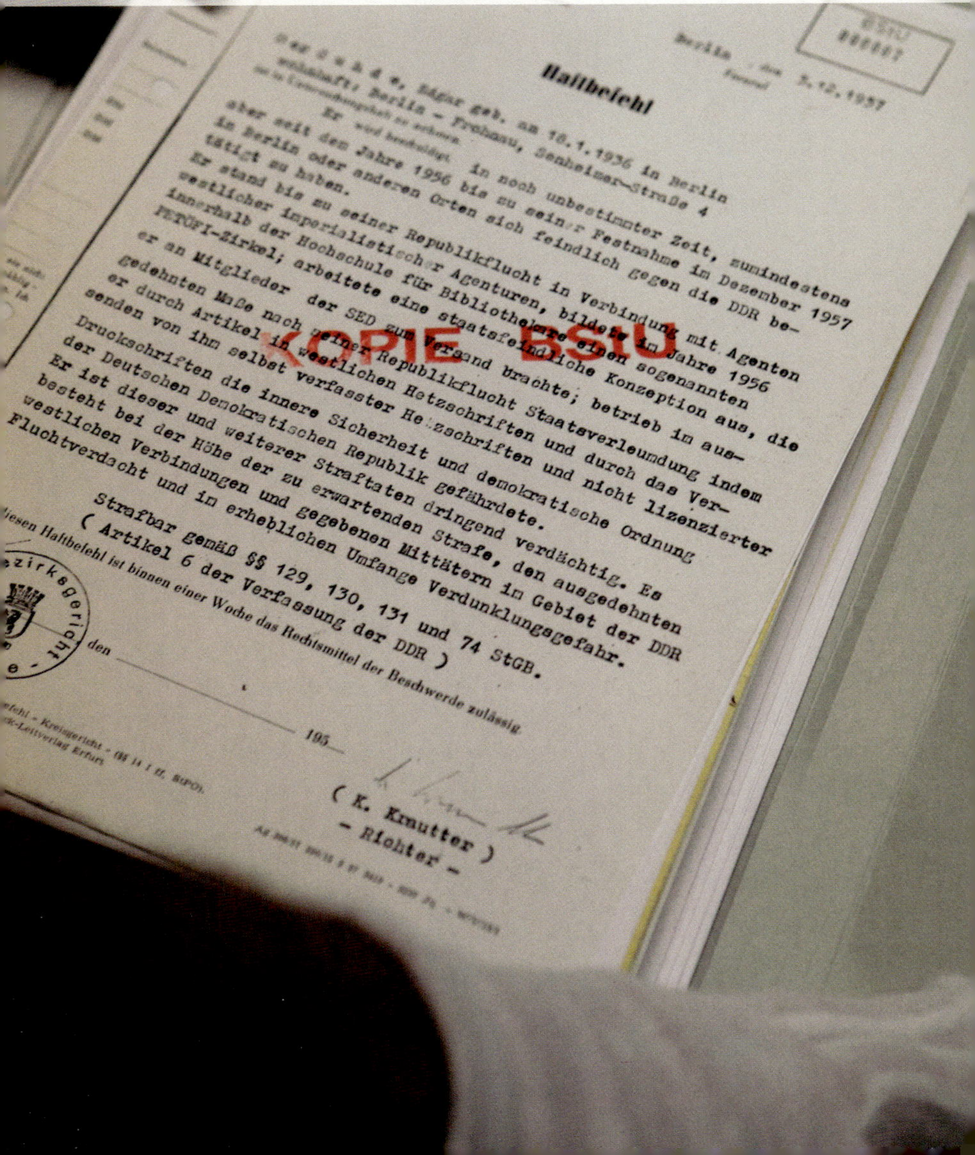

6 Die Arminiusmarkthalle

Echt 21

Unter dem hohen historischen Gewölbe wirkt er ein bisschen verloren. Doch der »Schlupfladen« ist vielleicht das beste Beispiel für das neue Leben in der alten Markthalle. Hinter der Ladenluke ist der Schlupfladen bis obenhin behängt mit selbst gemachten Dingen: Broschen, Wärmflaschen, Mützen, Schlüsselanhänger, Kissen. Fast überall mit drauf: die »21«. Das Symbol zeigt eine Hand, die Zeige-, Mittel- und kleinen Finger ausstreckt. Für Nicht-Eingeweihte: Das bedeutet, ich komme aus Moabit, dem Stadtteil, der früher die Postleitzahl 21 hatte. Eigentlich könnten alle Dinge im Schlupfladen dieses Siegel tragen, denn es gibt hier ausschließlich Souvenirs aus Moabit.

Und beim Weiterlaufen kommt einem der Gedanke, dass auch viele andere Läden in der uralten Zunfthalle die »21« hochhalten könnten: der Schneidertisch, die Töpferwerkstatt, wo man auch selbst töpfern kann, und eigentlich ebenso der Stand mit Berliner Leberwurst, Berliner Wein und – man staunt nicht schlecht – Berliner Kaffee. Einen »Ort der guten Dinge« nennt sich die Arminiusmarkthalle. Und das passt. Auf jeden Fall zeigt sie, dass Moabit seinen ganz eigenen Kiez-Stolz hat, der nicht hip und aufgesetzt ist, sondern ganz natürlich und geradezu bodenständig.

Gegen Mittag setzt in der Arminiusmarkthalle eine fast dörfliche Geschäftigkeit ein. An einem langen Holztisch wird Mittag gegessen, frischer Käse, Wurst oder Fisch gekauft. Und im Winter, wenn im ganzen Gebäude verteilt unzählige Palmen der Späth'schen Baumschule stehen, die im Sommer in den Strandbars der Stadt verteilt werden, dann wird die Markthalle zu einem Ort, an dem sich das Wintergrau der Stadt schnell vergessen lässt.

Und dort, wo die Palmen beinahe urwaldartig zusammenstehen, gibt es noch eine Besonderheit: den Gebetomaten. In dem umgebauten Automaten kann man über 300 Gebete verschiedener Religionen auf 65 Sprachen anhören.

Adresse Arminiusstraße 2, 10551 Berlin-Tiergarten | **Öffnungszeiten** Mo–Do 7.30–18 Uhr, Fr 7.30–19 Uhr, Sa 7.30–15 Uhr | **ÖPNV** U 9, Haltestelle Turmstraße; Bus M 27, TXL, 101, 123, 187, Haltestelle U-Bahn Turmstraße | **Tipp** Die Bücherbank: In der Markthalle steht eine der zwölf Moabiter Bücherbänke. Man kann die Bücher mit nach Hause nehmen – und ausgelesene Bücher dorthin legen (www.bookcrossing.de).

7 Das Auktionshaus Beier

Lass dich überraschen!

Das Mikrofon knackt. »So, meine Herrschaften! In wenigen Minuten ist die Vorbesichtigung zu Ende.« Verhaltenes Murmeln erfüllt die Luft, Köpfe werden gereckt. Das Kribbeln hat jetzt jeden hier angesteckt. Die Schubladen stehen noch offen, letzte prüfende Blicke werden auf Handys und Schmuck geworfen, die Ergebnisse noch schnell übers Telefon durchgegeben und die Nummern notiert. Auf der Vitrine mit den Wertsachen steht eine große Lupe auf einem blauen Samttuch. Ihr Licht wird ausgeknipst. Alles ist offen – die Auktion beginnt.

Heute: BVG-Fundsachen-Versteigerung. Dinge also, die in den Bahnen und Bussen Berlins liegen geblieben sind und nicht im Fundbüro abgeholt wurden. Regenschirme gibt es bündelweise, Brillen in Säcken abgepackt, und neben zwei Laufrädern für Kinder glitzert eine weiße Gitarre. Wer kennt ihren Wert, wer ihre Geschichte?

Doch los geht es im Vorraum. Mit den Fahrrädern. Langsam bewegt sich die große Menschentraube an den hintereinander aufgestellten Rädern entlang. Man muss schnell sein. Zum Ersten, zum Zweiten – und Dritten: Klatsch. Der kleine Holzhammer saust auf die Ordnerhülle. Und schon geht es mit dem nächsten Objekt weiter: Damenrad rosa, Arme strecken Bieternummern in die Höhe, die Augen der Versteigerin registrieren blitzschnell jede Regung. Sind viele an demselben Stück interessiert, kommt sie in Fahrt, zeigt mit dem Hämmerchen hierhin und dorthin – und ruckzuck sind die gut 50 Fahrräder verkauft.

Jeden Dienstag ist im Auktionshaus Beier die reguläre öffentliche Sammel- und Nachlassversteigerung. Dann werden die großen Lagerhallen mit Möbeln, Teppichen und Hausrat geöffnet. Das ist die Stunde der Profis. Sie bieten mit Kennerblick und kaum sichtbaren Handzeichen. In der Hausrat-Halle stapelt sich der Kram in den Regalen bis oben hin, lose und in Kisten. Versteigert wird hier dann, genau: regalweise.

Adresse Saalburgstraße 3/3a, 12099 Berlin-Tempelhof, www.auktionshaus-beier.de | **Öffnungszeiten** Di: Sammel- und Nachlassversteigerung, Besichtigung 8–10 Uhr, Auktionsbeginn 10 Uhr, Termine für BVG-Versteigerung auf der Homepage | **ÖPNV** Bus 277, Haltestelle Saalburgstraße | **Tipp** Koffer-Auktionen: Auch das, was an den Berliner Flughäfen liegen bleibt, kann man ersteigern – allerdings ohne vorher die Koffer zu öffnen (Termine: Zentrales Fundbüro Berlin, www.berlin.de).

8 Die Aula

In der ehemaligen jüdischen Mädchenschule

Der glatte Stein der Treppenstufen glänzt wie poliert, und die erste und letzte Stufe eines jeden Absatzes ist so abgelaufen, dass er dort stellenweise abgebröckelt ist. Die vielen Füße, die diese Treppen bis zur Schließung des Hauses 1942 montags bis freitags meist in hastiger Eile rauf- und runterliefen, gehörten den rund 300 Schülerinnen der jüdischen Mädchenschule und später dann den Jungen und Mädchen der Bertolt-Brecht-Oberschule.

Nach der Wende stand das backsteinerne Bauhaus-Gebäude viele Jahre leer. Rundherum wurde in dieser Zeit ein Haus nach dem anderen erst besetzt und einige Zeit später saniert. Die Ideen und Konzepte überschlugen sich, und nur einige wenige setzten sich durch. Inzwischen ist es wieder ruhiger geworden in der Auguststraße.

Die neue Nutzung der früheren Mädchenschule passt zu der heutigen Gemessenheit der Umgebung. Die Kombination von feiner Küche und Kunst ist gut durchdacht – und bewahrt die Geschichte des Hauses fast wie selbstverständlich.

An keinem anderen Ort kann man das so gut spüren wie in der ehemaligen Aula. Der helle Raum im dritten Stock mit den hohen Kassettenfenstern auf beiden Seiten ist der Haupt-Ausstellungsraum der Galerie Michael Fuchs. Und es fällt schwer zu sagen, welcher Kunst hier mehr Bedeutung zugesprochen wird: Den modernen Ausstellungsstücken oder der Architektur des Gebäudes.

Ganz besondere Schmuckstücke der Schule sind die Säulen im Treppenhaus, die mit silber schimmernden Fliesen verziert sind, jede anders. Aber auch die DDR-Zeit wurde nicht kaschiert: Im Erdgeschoss blieb das gemalte Bildnis von Bertolt Brecht an der Wand stehen, und im Hof leuchtet der Schriftzug von der Hauswand: »Mit der Jugend für Frieden, Freiheit und Fortschritt«. Und irgendwo zwischen Schulhof und dem dahinterliegenden jüdischen Krankenhaus, das nach wie vor leer steht, leben zwei Füchse.

Adresse Auguststraße 11–13, 10117 Berlin-Mitte, www.maedchenschule.org | Öffnungszeiten Termine stehen auf der Homepage. | ÖPNV S 1, S 2, S 25, Haltestelle Oranienburger Straße; Tram M 1, M 6, Haltestelle S-Bahn Oranienburger Straße | Tipp Renate: In der einzigen Comicbibliothek Deutschlands in der Tucholskystraße 32 gibt es einen Comicstammtisch, Comickurse und eine eigene Comiczeitschrift.

9 Die Autobahnausfahrt Sachsendamm

Ein kleines bisschen Endzeitstimmung

Autofahren wird irgendwann unbezahlbar sein, vielleicht schon viel früher als angenommen. Wir Menschen werden uns daran gewöhnen – wahrscheinlich viel schneller, als wir uns vorstellen können. Die Stadt wird sich verändern. Wie, das kann niemand genau voraussagen. Aber Autobahnen braucht man dann höchstwahrscheinlich nicht mehr. Steht man hinter der Ausfahrt Sachsendamm oben auf der Friedrich-Gerlach-Brücke, dann kann man sich ganz gut vorstellen, wie die Stadt vielleicht einmal aussehen wird. Die Natur wird sich die ungenutzten Räume wieder zurückerobern, genau wie hier: Auf den unfertigen Auf- und Abfahrten wachsen die Bäume in die Höhe, Büsche und Blumen sprießen zwischen den Leitplanken, dort, wo der Asphalt endet.

Es lohnt sich, auf diesem Terrain der Zukunft ein paar Schritte zu gehen. Auf der anderen Seite der Brücke gibt es Richtung Westen einen kleinen Weg hinter dem Geländer. Und von dort geht es direkt hinunter, unter der Brücke hindurch, wo der Boden reiner Sand ist und keine Pflanze eine Chance hat – bis man plötzlich auf einer leicht ansteigenden, breiten, grün überwucherten Trasse im Hellen steht. Oberhalb rauschen die Autos vorbei.

Hier sollte einmal die Westtangente Richtung Norden weiterführen. Aber der Plan von einer Autobahnverbindung quer durch West-Berlin stieß auf massiven Widerstand und wurde 1974 gestoppt. Daher endet die Autobahn nach dem kurzen Stück von Steglitz bis nach Schöneberg hier am Sachsendamm.

Das Schild, das an der aktuellen Abfahrt kurz vor der Brücke steht und anzeigt, dass hinter der Ampel die innerstädtische Umweltzone beginnt, trifft hier genau ins Schwarze: »Umwelt« steht schlicht und einfach darauf – und drunter: ein Pfeil, der direkt auf das überwucherte Autobahnteilstück weist.

Adresse Sachsendamm/Friedrich-Gerlach-Brücke, 10829 Berlin-Schöneberg | **ÖPNV** S 1, S 41, S 42, S 45, S 46, Haltestelle Schöneberg; Bus M 46, 248, Haltestelle Sportzentrum Schöneberg | **Tipp** Versteckte Früchte: Wenn man von der Autobahn rechts in den Sachsendamm abbiegt, dann steht er direkt an der Ecke hinter einem Gebüsch: ein prächtiger Aprikosenbaum.

10 Das Automatophone-Kabinett

La musique automatique

Bis man die Play-Taste am Rekorder drücken konnte, um die Lieblingsmusik abzuspielen, war es ein langer Weg. Das wird schnell klar, wenn man das Automatophone-Zimmer im Märkischen Museum betritt. Die Vorführung der mechanischen Musikinstrumente beginnt in einigen Minuten. Walzen werden verteilt, Rollen eingelegt und Kurbeln angesetzt.

Die älteste Maschine im Raum ist die Flötenuhr, die tief im Innern von einem schweren Uhrpendel angetrieben wird. Das Parkett im Raum knarzt, die Zuhörer lauschen den Messing-Hörnern und Piccolo-Flöten aus dem Leierkasten: »Männer sind alle Verbrecher – aber lieb sind sie doch.« Das Ölgemälde von Zille, das von einer Seite des Raums bis zur anderen reicht, zeigt einen Schwoof im Freien. Die Paare schieben sich über den Platz neben den Bierbänken, Kinder jagen zwischen den Tanzenden hindurch, Hunde balgen, Budenbesitzer halten ein Nickerchen oder rufen sich etwas zu. Die Drehorgel sieht man nicht – aber ihre Musik ist in jeder einzelnen Szene auf dem Bild präsent.

Und schon geht es weiter in der Evolution der Abspielgeräte: Das Polyphon ist so etwas wie die allererste Jukebox. Riesige Stahlscheiben mit eingestanzten Löchern werden eingelegt, ein »Sechser« in den Schlitz gesteckt – und die Musik erklingt. Das Pianola daneben lässt die Tasten tanzen, ohne dass sie gedrückt werden. Und dann drehen sich alle Köpfe wieder nach vorn, die Blicke richten sich auf das größte Möbel im Raum, das Orchestrion, mit kitschigen Retro-Barock-Motiven und goldenen Ornamenten bemalt. Im »Maschinenraum« dahinter legt die monströse Anlage los – und tatsächlich: Ein Orchester erklingt. Doch eines fehlte den Automaten dann doch, weswegen sie sich am Ende nicht durchsetzen konnten gegen die Grammophone: der Gesang.

Adresse Märkisches Museum, Am Köllnischen Park 5, 10179 Berlin-Mitte | **Öffnungszeiten** Vorführung der Musikautomaten jeden So 15 Uhr | **ÖPNV** S 5, S 7, S 75, Haltestelle Jannowitzbrücke; U 8, Haltestelle Jannowitzbrücke; Bus 248, Haltestelle S+U-Bahn Jannowitzbrücke | **Tipp** Mauerspechte: Neben dem Museum steht ein Stück Berliner Mauer. Und wie es klang, als die unzähligen Hämmer die Mauer 1989 abklopften, hört man unter Knopf 10.

11 Das Ave Maria

Ernst gemeint

Wenn man an einem regnerischen Tag die Potsdamer Straße in Richtung Potsdamer Platz läuft, dann fällt er wohl am ehesten auf: Warmes Licht fällt aus dem Inneren des kleinen Ladens auf den nassgrauen Bürgersteig, den die beiden Markisen vor den Schaufenstern fast ganz verdecken. Wenn man dann eintritt, empfängt einen die Wärme ganz. Im Kamin prasselt ein Feuer, und der Weihrauch-Duft füllt den ganzen Raum aus. Es heißt, das Harz der Weihrauchbäume habe eine beruhigende Wirkung, wenn man es verbrennt, weil es dann die Wärmerezeptoren auf der Haut anregt.

»Ave Maria« verkauft Devotionalien, was ja eigentlich eher ein Fremdwort ist in dieser Stadt. Und doch kommen viele Menschen hierher, nicht nur die katholischen, die genau wissen, dass sie hier eine Maria aus Lourdes bekommen, eine geweihte Kerze oder einen besonderen Rosenkranz. Es kommen auch viele Neugierige und fragen, was bestimmte Dinge bedeuten – oder für was sie benutzt werden. Die Verkäuferin hat sich angewöhnt, jeden Kunden erst einmal mit prüfendem Blick zu mustern. Wenn sie sich nicht sicher über seine Absichten ist, sagt die Neapolitanerin mit strengem Unterton: »Das ist hier aber ernst gemeint!« Denn hin und wieder vertun sich auch welche und denken, dass sie hier lustige Gimmicks finden können.

Es ist still im Laden, nur das Einsetzen des Glockengeläuts und der danach erklingende Choralgesang aus dem CD-Player begleiten einen beim Betrachten der Wände und Regale. Bis unter die Decke hängen Kreuze und Heiligenbilder, in einem großen Schrank stehen die bis zu 40 unterschiedlichen Weihrauchsorten, es gibt Krippenfiguren, Bücher und Kerzen. Die Taufkerzen, Kommunionskerzen, Osterkerzen lassen die Ladeninhaber extra für die Berliner anfertigen – und auf Wunsch auch nach eigenen Vorgaben verzieren.

Ganz vorne neben der Eingangstür gibt es Streichholzschachteln mit Miniatur-Krippenfiguren darin: Krippen to go.

Adresse Potsdamer Straße 75, 10785 Berlin-Tiergarten | Öffnungszeiten Mo–Fr 12–18 Uhr, Sa 12–15 Uhr | ÖPNV U 1, Haltestelle Kurfürstenstraße; Bus M 48, M 85, Haltestelle Lützowstraße/Potsdamer Straße | Tipp Das Kumpelnest 3000: Berlins traditionelle Absturzkneipe in der Lützowstraße 23 bleibt sich treu: schrill, stürmisch und immer rappelvoll – egal zu welcher Uhrzeit.

12 Die Bäckerei

Der Brotofen von Pankow

Gleich hinter dem Tor, sobald man den kleinen verwinkelten Hof mit dem buckeligen Kopfsteinpflaster betreten hat, wird man in eine andere Zeit versetzt. Der Duft nach frisch gebackenem Brot zieht einen wie magisch an. Wer die kleine Tür neben dem rauchenden Schornstein öffnet, wird sofort von einer Wärme umhüllt, die einen aufnimmt und auf unerklärliche Weise beglückt.

Dreimal in der Woche werden die Pankower Brote gebacken. Der große Ofen nimmt beinahe den ganzen Innenraum ein. Zuerst kommen die geformten Laibe bei 400 Grad Celsius vorne neben der Luke an das Feuer, das mit Buchenholz aus der Uckermark brennt. Dann werden sie nach hinten umgesetzt, um bei 300 Grad Celsius fertig zu backen. Nur so gelingt die besondere Kruste des Pankowers.

Und wenn am Nachmittag die ersten Brote, die runden und die langen Laibe, die Regale an der Wand füllen, geht hier drei Stunden lang ununterbrochen die niedrige Tür. Aber nicht nur zum Kaufen kommen Menschen herein – es gibt noch ein Ritual, das beinahe feierlich an jedem Backtag begangen wird: Die Kinder aus dem Viertel kommen. Ohne ein Wort stehen sie neben der Tür, bis sie dran sind. Denn hier kriegen sie eine Scheibe Pankower auf die Hand. Und es kommen viele Kinder. Vielleicht werden auch sie draußen auf der Straße vom Duft des frischen Brots angezogen, hinein in diese andere Zeit.

Nachdem die Alte Bäckerei jahrelang leer stand, wurde der Ofen 2003 ausgebessert, und seit 2006 wird wieder gebacken. Seitdem ist das Feuer nie erloschen. Vor Kurzem kam der dritte Verkaufstag dazu. Der Bäckermeister feuert aber auch an den anderen Tagen in der Woche immer wieder an – damit der Ofen nicht kalt wird. Das ergibt ein schönes Bild: Ein warmer großer Brotofen, der Tag und Nacht, Jahr für Jahr warm gehalten wird, damit die Kinder an den Brottagen ihre frisch gebackene Scheibe entgegennehmen können.

Adresse Die Alte Bäckerei, Wollankstraße 130, 13187 Berlin-Pankow | Öffnungszeiten Di, Mi und Fr 15–18 Uhr | ÖPNV S 1, S 25, S 85, Haltestelle Wollankstraße; Tram M 1, Haltestelle Rathaus Pankow; Bus 107,155, 250, Haltestelle Rathaus Pankow, Bus 255, Haltestelle Wilhelm-Kuhr-Straße | Tipp Café und Meer: Im Sommer kann man sich mit der Kaffeetasse an die Tische im Hof der Bäckerei setzen, im Winter in den Strandkorb im Café in der Wollankstraße 128.

13 Der Bärlauch-Teppich

Die besondere Note vom Plänterwald

Noch sind die Bäume im Stadtwald kahl, und die ersten kleinen grünen Tupfer schimmern nur zaghaft an den Büschen. Aber schon von der Straße aus, bevor man die Wege auch nur betreten hat, bemerkt man es: Eine gewaltige Knoblauch-Fahne umwölkt hier den Spaziergänger. Dabei sieht der Wald mit seinen hellgrünen, zarten Blättern so unschuldig aus. Es ist unverkennbar der Bärlauch, der hier seinen scharfen Duft verbreitet. Er ist der Erste, der hier im Plänterwald aus dem Winterschlaf erwacht ist, und hat das alte Laub auf dem Boden mit einem leuchtend grünen Teppich überzogen. Weich und wellig und durch und durch knoblauchig.

Bevor er kurz darauf seine weißen Blüten entfaltet, kann der Bärlauch gepflückt werden und schmeckt ganz ausgezeichnet als Pesto oder auch in Salat oder zu Nudeln. Seinen Namen hat der kleine Bruder des Knoblauchs daher, weil er anscheinend das erste frische Kraut ist, welches der Bär nach seinem Winterschlaf findet. Der Bärlauch ist es also, der endgültig Schluss macht mit dem Winter. Deswegen macht das Bärlauch-Ernten auch so besonders gute Laune. Es ist das erste Mal, dass man wieder etwas pflücken kann, ja überhaupt mal wieder frische Blätter in den Händen hält. Die Hochstimmung der ersten Frühlingstage lässt sich also noch steigern – auf dem Boden im Plänterwald.

Die Bärlauchblätter galten früher als geheimnisvoll und magisch. Und tatsächlich wird ihnen eine heilende Wirkung zugesprochen. Sie sollen die Darmflora aufbauen, das Immunsystem stärken und den Stoffwechsel anregen.

Und wenn man da so zum ersten Mal wieder im Wald hockt und pflückt – dann schweift der Blick weiter, und man entdeckt die ersten kleinen Brennnesselspitzen (köstlich als Spinat oder Suppe), die Holunderbüsche am Wegrand, die schon bald blühen werden (Sirup und Gebäck), und daneben sogar ein paar Johannisbeersträucher. Das Jahr kann beginnen!

Adresse Neue Krugallee/Dammweg, 12437 Berlin-Treptow | ÖPNV S 8, S 9, S 85, Haltestelle Plänterwald; Bus 265, Haltestelle Neue Krugallee/Dammweg | Tipp Mehr Wald: Fledermausführungen, Schatzsuchen mit Kompass und Nachtwanderungen sind einige Highlights, welche die Waldschule Plänterwald, Dammweg 1b, organisiert.

14 Der Baum mit Botschaft

Wenn die Worte fehlen

Manchmal lassen sie sich einfach nicht fassen, die richtigen Worte. Sie schweben direkt über einem – aber sie entwischen jedes Mal wieder, sobald man sie packen will. Und dann ist der richtige Augenblick auch schon wieder vorbei, und man steht plötzlich alleine da.

In dem Fall sei einem zu einem gemeinsamen Spaziergang geraten. Vorher noch, bevor man alleine dasteht. Man führe die geliebte Person in den Tiergarten. Vom Großen Stern aus geht es über die »Große Sternallee« hinein in den Park. Es kann sein, dass einem schon beim Laufen die richtigen Worte gelingen. In diesem Fall kann man jetzt wahllos irgendwelche Seitenwege einschlagen und sich zu zweit einfach treiben lassen.

Ansonsten gehe man weiter, bis der »Große Weg« die »Große Sternallee« kreuzt, und verweile hier mit dem Menschen, von dem man sich nichts sehnlicher wünscht, als dass er für immer bei einem bleibt. – Vor allem wenn die Nacht kommt und das Land sich in Dunkel hüllt und der Mond das einzige Licht weit und breit ist, weil man weiß, dass man sogar dann keine Angst haben wird, solange dieser eine Mensch nur bei einem ist. Man führe ihn nun vor die große Buche an der Wegkreuzung. Hier stehen sie, die richtigen Worte, eingekerbt in die Rinde des uralten Baumes, so wie sie vor vielen Jahren einmal von einem sehr begabten Poeten gesungen wurden: »And darling darling stand by me – oh stand by me – stand by me.«

Und man denkt: Manchmal suchen wir nach treffenden Erklärungen und den richtigen Formulierungen, dabei reicht es meistens, das auszusprechen, was man fühlt. Mit den ganz eigenen Worten. Udo Lindenberg zum Beispiel hat es so ausgedrückt: »Du kannst mich nicht alleine lassen / Es sei denn, du willst, dass ich krepier.« Der Baum mit der Botschaft kann ein Ansporn sein, nach den eigenen Worten zu suchen. Dann braucht es vielleicht auch gar keine weiteren Erklärungen mehr.

Adresse Große Sternallee/Großer Weg, 10785 Berlin-Tiergarten | **ÖPNV** S5, S7, S75, Haltestelle Bellevue (circa 1 Kilometer Parkspaziergang); Bus 100,196,187, Haltestelle Großer Stern | **Tipp** Oder ganz ohne Worte: G Em / C D G / G Em / C D G / G / Em / C D G.

15 Das BergWerk

Gut fürs Ego

Ein Foyer wie in jedem anderen neuen Kinokomplex auch: Alles ist darauf ausgerichtet, eine Menge Menschen an den Kassen vorbei über Rolltreppen in riesengroße Kinosäle zu schleusen. Doch plötzlich wird knapp unter der Decke ein Kopf aus der Wand gestreckt – und sofort zurückgezogen. Von unten ertönt es aufmunternd: »Du musst das Seil fassen – und dich dann rüberschwingen.« Und: »Du darfst nicht nach unten gucken!«

Aus fünf von den insgesamt zwölf dunklen Kinosälen im Haus wurde der ebenso dunkle BergWerk-Hochseilgarten. Von den Felsen fließt Wasser, rot glüht die Kohle auf dem Bergwerkswagen aus dem Erzgebirge.

Zuerst gibt es eine Einweisung, und dann geht es los, hinein in den Berg. Das Auf- und Zuklicken der Sicherungsschnallen gibt ein gutes Gefühl: Man ist nicht alleine. Aber alles, was jetzt kommt, muss man eben doch alleine schaffen. Man muss sich überwinden. Noch nicht so sehr auf der unteren Ebene, wo es über Strickleitern und Autoreifen geht – aber dann steht man mit einem Mal auf einer Plattform weit oben an einem riesigen Douglasienstamm, und vor einem schweben hintereinander mehrere Tonnen an Seilen. Das ist das gleiche Gefühl wie früher auf dem Dreier oder Fünfer: Eigentlich will man das absolut nicht, wozu auch, es besteht ja gar keine Notwendigkeit. Aber zurückgehen – das geht eben auch nicht.

Und dann schwebt man plötzlich doch auf einer dieser schaukelnden Tonnen, versucht, die nächsten Seile zu fassen, spürt, dass es doch irgendwie geht – und sogar noch viel besser, wenn man gar nicht darüber nachdenkt. Also: Kopf ausschalten und einfach machen, immer weiter.

Später, wenn man wieder auf festem Boden steht, wird man sich unglaublich gestärkt fühlen. Nicht nur in den Muskeln in Schultern und Rücken – man wird die unerschütterliche Gewissheit spüren, dass einen jetzt so schnell erst mal nichts umhauen kann. Tschakka!

Adresse Kurt-Weill-Gasse 7, 12627 Berlin-Hellersdorf | **Öffnungszeiten** Di, Mi 14–20 Uhr, Do 14–22 Uhr, Fr, Sa 12–22 Uhr, So 10–20 Uhr | **ÖPNV** U5, Haltestelle Hellersdorf; Tram M6, 18, Haltestelle Stendaler Straße/Quedlinburger Straße; Bus X54, 195, Haltestelle U-Bahn Hellersdorf | **Tipp** Ausklang: In der Berg-Bar die »Lange Schicht« gibt es immer donnerstags Livemusik. – Genießen Sie es, bevor der Muskelkater am nächsten Tag zuschlägt!

16 Die Betbank

Einladung zum Innehalten

Das große Holzkreuz über der grauen Tordurchfahrt ist schon ziemlich morsch. Aber es weist dort schon seit vielen Jahren den Weg zu der Kirche, die man von der Straße nicht sehen kann. Sogenannte Hinterhofkirchen oder Kirchen, die in die Häuserfassade eingereiht sind, gibt es viele in Berlin. Es sind katholische Gotteshäuser, die nach der Reformation lange Zeit verboten, später dann zwar geduldet, aber nicht gerne gesehen waren.

Das besondere an der St.-Clemens-Kirche in der Stresemannstraße liegt nicht nur in ihrer Geschichte, sondern vor allem auch im Hier und Jetzt. Wenn man an den Mülltonnen im ersten Hof vorbeigegangen ist, kommt man zur zweiten Tordurchfahrt. Hier, gegenüber der Kirchentür, steht eine Marienstatue in der Wand, ganz schlicht, im weißen Kleid und mit leicht geneigtem Kopf. Vor ihr leuchten zwei Kerzen, und unter dem mittleren Torbogen steht eine Betbank. Zum Sitzen und zum Knien. Zugig ist es hier, der Fahrradständer will auch noch unter den Torbogen, ein Fahrrad steht unter der Maria.

Die Menschen, die hierherkommen, sind meistens unterwegs. Sie haben Einkaufstüten dabei oder Rucksäcke auf. Sie bekreuzigen sich und setzen sich hin, um zu beten. Die Geräusche der Stadt kommen von allen Seiten, Müllabfuhr, Autos, Vögel und Gesprächsfetzen. Das scheint auf den ersten Blick überhaupt nicht zu passen. Doch dann merkt man immer mehr, dass es so genau richtig ist, mittendrin im Alltag. Ein Platz zum Innehalten, ein Ort für Spiritualität und Glauben – in einer Tordurchfahrt im Hinterhof.

Die Betbank steht auch für die Besonderheit der Kirche St. Clemens des Vinzentinerordens. Es ist eine Anbetungskirche, die rund um die Uhr geöffnet ist. Die Menschen können Tag und Nacht kommen, jeder, wann es ihm passt. Vielleicht kommen gar nicht alle, um zu beten. Auch die tiefe Innigkeit und Ruhe der Gläubigen, die man hier trifft, kann Kraft schenken.

Adresse Stresemannstraße 66, 10963 Berlin-Kreuzberg | **Öffnungszeiten** durchgehend geöffnet | **ÖPNV** S 1, S 2, S 25, Haltestelle Anhalter Bahnhof; Bus M 41, M 29, Haltestelle S-Bahn Anhalter Bahnhof | **Tipp** Der Saal: Im Hostel »Three Little Pigs« im zweiten Hinterhof kann man in der großen Halle an langen massiven Holztischen frühstücken oder einen Kaffee trinken.

17__Der Biberausstieg

Wem gehört die Spree?

Die Füße baumeln in einer Reihe über dem Wasser, auf der Mauer steht in großen blauen Buchstaben: »Kiez statt Profitwahn – Spreeufer für alle«. Der Kampf um die Uferzonen, der hier schon seit Jahren unerbittlich ausgefochten wird, ist noch nicht zu Ende.

Aber es gibt schon einige Gewinner. Zum Beispiel die Biber. Auch sie forderten ihr Recht und waren von Anfang an gegen die Privatisierung des Spreeufers. Denn seit sie wieder vermehrt hier in der Region leben – 25 sollen es allein in Berlin sein –, geraten sie hin und wieder über die kleinen Zuflüsse mit behaglichen Uferböschungen in die große ummauerte Spree. Ungefähr alle drei Kilometer müssen sie allerdings aus dem Wasser – um sich auszuruhen und ihr Fell nachzufetten. Doch die Ufermauern entlang der Spree sind für die kleinen Nager zu hoch, und es gab lange Zeit keine Stelle, an der sie eine Pause einlegen konnten.

Inzwischen konnten die Biber gegenüber den anderen Parteien ihre Interessen erfolgreich durchsetzen: Eine Raststätte für sie wurde in die Uferplanungen mit aufgenommen. Sie liegt seither, vom Gebüsch verborgen, dort, wo der Park an der East Side Gallery beginnt, gleich neben dem »Yaam«. Vom Weg aus ist er nicht zu sehen, wenn man aber an dieser Stelle durch die Böschung bis zum Wasser hinuntersteigt, dann erkennt man hinter einem Zaun aus dicken Holzstämmen einen kleinen versteckten Badestrand mit von der Brandung umspülten schwarzen Steinen. Die Sonne blitzt von den Wellen wider, Dampfer und Schlauchbote kreuzen die Straße.

Und wenn schon das Füße-Baumeln auf der Mauer für die Menschen äußerst romantisch sein kann – dieses Ufer-Versteck ist sicher ein Geheimtipp unter den Bibern. Und wie das meistens so ist: Wenn man gerade *nicht* guckt, dann ist hier bestimmt ordentlich was los an der Biber-Raststätte. Bis jetzt haben sie die neu gepflanzten Bäume im Park übrigens noch nicht als Baumaterial entdeckt. Aber das ist sicherlich nur noch eine Frage der Zeit.

Adresse Mühlenstraße/Straße der Pariser Kommune, Park am Ende der East Side Gallery, 10243 Berlin-Friedrichshain | **ÖPNV** S 5, S 7, S 75, Haltestelle Ostbahnhof; Bus 140, 142, 147, 240, 248, 347, Haltestelle S-Bahn Ostbahnhof | **Tipp** Sommer in Berlin: Das »Yaam« ist sich hier am Stralauer Platz 35 mit Reggae, Beachvolleyball und Basketball als lässiger Sommerstrand treu geblieben – trotz Touristenflutung entlang der East Side Gallery.

18 Der Brommy-Balkon

Spreehawaii früher und heute

Auf dem Gitter steht man direkt über dem Wasser. Es ist ein Aussichtspunkt, der schwerelos macht. Von hier überblickt man das ganze Geschehen: Eine U-Bahn kriecht zwischen den Türmen der Warschauer Brücke hindurch über das Wasser, man sieht Dampfer und Kähne vorbeiziehen, vor allem aber sieht man das andere Ufer. Dort führten einst die Abenteuerpfade durch die Wildnis, und auf den Partys unter den Bäumen zählte damals wirklich nur das eine: der Moment. Noch sind die Stellen wiederzuerkennen, noch wuchert das Gestrüpp – doch gleich daneben wachsen bereits riesenhafte Bürohaus-Kästen in den Himmel. Die Kräne haben das Niemandsland von einst erobert, und jeder kennt die sauberen, weich kolorierten Pläne, die zeigen, wie das Spreeufer dann einmal aussehen wird.

In der Mitte, zwischen Balkon und dem anderen Ufer, liegt eine Insel. Es ist eine sehr kleine Insel, eigentlich sind es nur die Reste eines Brückenpfeilers. Die Brommybrücke, die hier an dieser Stelle die Spree überquerte, zuerst als Eisenbahnbrücke und später auch für den Straßenverkehr, wurde im Zweiten Weltkrieg gesprengt. Der Pfeiler hat standgehalten. Auf der flachen Seite hat es ein Baum geschafft, auf dem steinernen Untergrund Wurzeln zu schlagen.

Die Pläne für die Neugestaltung des Spreeufers sahen auch eine neue Brommybrücke vor, eine Verbindungsstraße zwischen Kreuzberg und Friedrichshain. Die Protestler der Initiative »Spree versenken« haben daraufhin 2007 den alten Brückenpfeiler besetzt und ihm den Namen »Spreehawaii« gegeben. Eine neue Brücke soll jetzt zwar trotzdem gebaut werden, aber – und das ist auch dem Protest auf der Insel zu verdanken – nicht für Autos, sondern nur für Fußgänger und Fahrräder.

Gleich nebenan auf dem Hof der Umzugsfirma Zapf steht der wahrscheinlich letzte Lenin Berlins – und blickt mit strenger Miene auf die Veränderungen um ihn herum.

Adresse Brommystraße (nördliche Verlängerung der Eisenbahnstraße), 10997 Berlin-Kreuzberg | **ÖPNV** S 5, S 7, S 75, Haltestelle Ostbahnhof; U 1, Haltestelle Schlesisches Tor; Bus 265, Haltestelle Eisenbahnstraße | **Tipp** Die ehemalige Paketausgabe: Der Privatclub war schon immer eine feste Größe im Berliner Nachtleben – jetzt zu Hause in der alten Post in der Skalitzer Straße 85.

19 Die Bucht an der Schleusenbrücke

Abtauchen unterm alten Sockel

Dies ist einer jener Orte, die glücklich machen können. Er hat still und heimlich und den jahrzehntelangen Umwälzungen zum Trotz an diesem Platz angedockt – und sich seitdem dort behauptet. Wer über die Schleusenbrücke Richtung Schlossplatz läuft, der sieht schon von Weitem die mächtige Eichen-Baumkrone. Folgt man dem Stamm nach unten, entdeckt man dort, inmitten des ununterbrochenen Getöses, Gehämmers und Gebrumms, das die Luft über der Baustelle auf dem Schlossplatz erfüllt – einen über all dies erhabenen Ort der Ruhe.

Eine Pforte im gusseisernen Geländer lädt ein, auf diese kleine Insel mit Baum abzutauchen. Die hohen Gräser glitzern im Sonnenlicht, ein kleiner Tisch mit Backgammon-Muster steht im Schatten der Eiche, und am Ast hängt eine Schaukel. Das Bild ist eine stumme, aber deutliche Aufforderung. Und warum eigentlich nicht gerade hier und gerade jetzt einmal kurz die Füße ins kühle Wasser halten, den Rücken auf dem Gras ablegen und den Kopf im Schatten kühlen?

Die Bucht ist von großen Steinen eingefasst. Hier und da schmücken angeschwärzte Konsolen die Mauer. Und wenn man es nicht weiß, kann man es kaum erahnen: Diese Mauer ist die Rückseite des enormen Sockels, auf welchem 1897 direkt gegenüber vom früheren Schlosseingang ein kolossales Nationaldenkmal für Kaiser Wilhelm I. errichtet wurde.

Die Reiterstatue überstand Revolutionen und Kriege – und wurde 1950 abgetragen, um Platz zu schaffen für die von der DDR-Regierung geplanten Aufmärsche. Der Sockel mit den Stufen durfte stehen bleiben – genauso wie die Eiche, die als kleiner Samen irgendwann auf die Ausbuchtung unterhalb des Kaiser-Denkmals geschwemmt wurde, über die Jahre zu einem stattlichen Baum heranwuchs und irgendwann sogar über den Sockel guckte.

Adresse Schleusenbrücke, 10117 Berlin-Mitte | **ÖPNV** U 2, Haltestelle Hausvogteiplatz; Bus TXL, 100, 200, Haltestelle Lustgarten | **Tipp** Berlinisches: Im »Zentrum für Berlin-Studien«, Breite Straße 30–36, 10178 Berlin, kann man viele Schätze aufstöbern: Berlin-Bücher, Berlin-Filme und Berlin-Bilder aus allen Epochen.

20 Das Café in der Gartenakademie

Wo der Frühling zu Hause ist

In der Königlichen Gartenakademie ist über die Wintermonate nicht viel los. Die Terrakotta-Töpfe stapeln sich neben den schmalen Gehwegen, Rosenhecken und Buchsbäume sind vom Schnee bedeckt.

Doch wenn man das alte, denkmalgeschützte Gewächshaus-Ensemble betritt, das ehemalige Palmenhaus der Lennéschen Gartenanstalt, dann ist man vom ersten Moment an überwältigt: Hyazinthen, Tulpen und Osterglocken sind nur einige von den unzähligen farbenprächtigen Blumen, die einen hinter dem Eingang vollkommen unerwartet überraschen. Hier ist immer Frühling.

Geht man den Gang weiter, kann man rechts und links in die lang gestreckten, ehemals königlichen Gewächshäuser hineingucken: In dem einen sprießen Setzlinge aus der Erde, im nächsten wachsen kleine Stauden und etwas weiter hinten die ersten Kräuter in den Töpfchen und Beeten. Das macht Mut. Und den braucht schließlich jeder dann und wann, wenn der Winter wieder einmal nicht enden will. Dann sollte man sich hier in den verglasten Gängen auf einen der weißen Café-Stühle an einen Tisch setzen. Und wenn die Sonne durch das Glasdach blitzt und die Eiszapfen vor den Fenstern glitzern, dann ist man auf einmal wieder versöhnt mit dem Winter da draußen. Aber auch im Sommer, wenn die Tische und Stühle auf der Wiese verteilt stehen, ist das Café im alten Gewächshaus ein wunderschön verwunschener Ort.

Es ist nach dem Mann benannt, der die Gartenkultur in dieser Stadt wie kein zweiter prägte. Peter Joseph Lenné gründete 1823 erstmals eine »Gärtnerlehranstalt«. Bis dahin wurden Gärtner in adeligen Häusern ausgebildet. Doch Lennés Vision war es, die Gartenkunst für die Bevölkerung zu öffnen. Er legte öffentliche Parks an und lehrte neben den praktischen Tätigkeiten auch Sortenkunde und Fruchtverwertung sowie Stillehre und Kunstgeschichte.

Adresse Altensteinstraße 15a, 14195 Berlin-Zehlendorf | **Öffnungszeiten** Apr. – Sept. Mo – Sa 10 – 19 Uhr, So 10 – 16 Uhr, Okt. – März Mo – Sa 11 – 17.30 Uhr, So 11 – 17 Uhr | **ÖPNV** Bus X 83, 101, Haltestelle Königin-Luise-Platz/Botanischer Garten | **Tipp** Inspiration: Im Botanischen Garten, Königin-Luise-Straße 6 – 8, findet man zu jeder Jahreszeit gute Ideen für Garten, Balkon oder Fensterkasten. Und vielleicht auch mehr.

21 Das Carillon

An einem Sonntag im Tiergarten

Auf der kleinen Brücke lehnen zwei Spaziergänger am Geländer, Eltern haben für ihre Kinder ein Picknick mitgebracht, und die Menschen auf der großen Wiese zwischen den alten Bäumen feiern unter aufgehängten Papier-Girlanden einen Geburtstag. In das Rauschen der Blätter mischt sich Kindergeschrei und das schrille Läuten einer Fahrradklingel. Doch dann ist da noch etwas: Von weit her trägt der Wind leise Töne durch die Luft, ein Glockenspiel. Mal hört man es ganz deutlich, dann wieder scheint es sich in der Luft, zwischen den Bäumen zu verlieren.

Folgt man den Tönen, dann werden sie irgendwann zu einer Melodie, die die Menschen aus dem großen Park zusammenruft – bis unter den hohen Glockenturm. Dort setzen sie sich auf die Wiese, einige legen sich in den Schatten, schließen die Augen und hören der Musik zu. Denn genauso wie sie einen hierhergeführt hat, trägt sie ihr Publikum jetzt weiter davon.

Es sind insgesamt 68 Glocken, die hier oberhalb der Stadt im Carillon schweben und jeden Sonntag erklingen. Wenn das Konzert beendet ist, dauert es eine Weile, bis sich die kleine Tür in einem der vier Turm-Beine öffnet – und Berlins Carilloneur ins Freie tritt.

Wer möchte, den führt er hinauf in sein Heiligtum. Nach unendlich vielen Stufen erreicht man eine Tür. Jetzt kommt die Mutprobe. Über einen Steg geht es hinüber zur anderen Seite des Turmes. Wer das geschafft hat, ist gleich da. Noch eine kurze Wendeltreppe, vorbei an den riesengroßen Glocken, die jetzt schweigen – und dann steht man vor dem Instrument: eine Bank mit Hebeln und Pedalen. Mit den Füßen und den geballten Fäusten werden von hier aus alle Glocken angeschlagen.

Die Stücke schreibt Carilloneur Jeffrey Bossin für sein Instrument selbst um. Ob Weihnachtslieder, Bach, Gershwin-Stücke oder »Ich hab noch einen Koffer in Berlin« – Hauptsache, es passt zur Jahreszeit. Und zu Berlin.

Adresse John-Foster-Dulles-Allee/Große Querallee, 10557 Berlin-Tiergarten | **Öffnungszeiten** Konzerte Mai–Sept. So 15 Uhr und Sonderkonzerte an den Feiertagen, Führungen im Anschluss | **ÖPNV** U 55, Haltestelle Bundestag; Bus 100, Haltestelle Platz der Republik | **Tipp** Café Global: Im Haus der Kulturen der Welt in der John-Foster-Dulles-Allee 10 kann man je nach Tageszeit und Anlass Kaffee oder Cocktails trinken.

22 Die Cité Foch

Die Geisterstadt aus den 70ern

Diese beiden Farben sind heute selten geworden in der Stadt: Orange und Flaschengrün. Aber in Reinickendorf leuchten sie noch genauso satt wie damals, als hier in den 1970er Jahren das Einkaufszentrum für die Familien der französischen Alliierten eröffnete. Auch die abgerundeten Ecken des silbergrau verkleideten Gebäudes, das sich zwischen den Straßen mit französischen Namen entlangschlängelt, sind aus der Mode gekommen.

Die Rolltreppen hinter der verschlossenen Automatik-Tür stehen schon seit Jahren still. Über die Avenue Charles de Gaulle führt noch immer ein Fußgängerübergang, die kugelförmigen Laternen sind aber zum größten Teil zerstört. Der Wachturm, den der BND vom französischen Geheimdienst zuerst übernommen hatte, wurde 2003 abgebaut.

Es ist Stille eingekehrt in der Cité Foch, und diese hat eine Architektur eingefroren, die man als 70er-Jahre-Futurismus bezeichnen könnte, die aber heute häufig abgetan wird als unpopuläre Nachkriegsarchitektur, als sogenannte Restmoderne.

Im Innern des Zentrums erkennt man ihn noch, den Schick der Zeit: verspiegelte Wände und blauer Teppichboden, auch im Bistro, wo die halbrunden Polsterbänke zu den Fenstern gucken – die auch verspiegelt sind. Der riesengroße Kinosaal liegt vollkommen im Dunklen, irgendwo tropft es von der Decke.

Rund um das verlassene Einkaufszentrum leben heute Menschen in den Häusern, die einst für die stationierten Franzosen gebaut wurden. Zwei Schulkinder kreuzen die Avenue Charles de Gaulle. Sie sind es gewöhnt, dass immer wieder Menschen auftauchen, die sich die Ruine mitten in ihrem Viertel ansehen. Die Zeit, als in Berlin noch Soldaten lebten und sich zum Kampf bereithielten, kennen sie nur aus Erzählungen. Doch die Straßenschilder mit der weißen Schrift auf blauem Hintergrund, die Avenues und Rues werden bleiben und auch weiterhin daran erinnern.

Adresse Avenue Charles de Gaulle, 13469 Berlin-Reinickendorf | ÖPNV S 1, S 85, Haltestelle Waidmannslust; Bus 222, Haltestelle Dianastraße, Bus 322, Haltestelle Cyclopstraße | Tipp Bonjour! Das Institut français am Kurfürstendamm 211, 10719 Berlin, wurde im Jahr 1947 zur Kulturverständigung nach dem Krieg gegründet: Französisches Kino, Sprachschule und Veranstaltungsort.

23 Der Denkmalsockel

Aufruf zum Frieden

Dass fast alle an ihm vorbeilaufen, ist nicht verwunderlich. Schließlich sind die Baustellen rund um den Potsdamer Platz schon längst ein Normalzustand geworden – da fallen irgendwelche halb fertigen Mauerwerke im Weg längst nicht mehr auf, sondern werden zügig umrundet.

Und doch hebt sich der mannshohe Sockel von den glatten, gläsernen und neuen Fassaden ringsherum ab, denn er ist aus großen, dunkelgrauen, porösen Steinen gemauert – und zwischen den Steinen wächst, ja wirklich: dunkelgrünes Moos. Und wenn man das Moos entdeckt hat, dann liest man auch die Inschrift auf dem Sockel: »Von dieser Stelle aus rief Karl Liebknecht am 1. Mai 1916 zum Kampf gegen den imperialistischen Krieg und für den Frieden auf.«

Der Sockel mit der Inschrift wurde 1951 feierlich eingeweiht, das Denkmal für Karl Liebknecht allerdings nie fertiggestellt. Und als zehn Jahre später die Sektorengrenze in der Stadt geschlossen wurde, stand der Sockel bis zur Wiedervereinigung versteckt hinter der Mauer und war weder vom Osten noch vom Westen aus zu sehen. 1995 stand er den Bauarbeiten am Potsdamer Platz im Weg, wurde eingelagert, fast vergessen – und 2003 dann wieder an die Stelle gestellt, an der Karl Liebknecht damals zum Protest gegen den Ersten Weltkrieg aufrief. Weswegen er verhaftet und wegen Hochverrats angeklagt wurde.

Es wäre eine riesenhafte Statue geworden, die zu diesem Sockel gepasst hätte. Dann würde hier heute ein überlebensgroßer Karl Liebknecht stehen und vielleicht seine Faust erheben und in Richtung der Hochhäuser am Potsdamer Platz strecken. Jeder würde das Denkmal und seine Geschichte kennen. Doch so bleibt es nur der Sockel, der hier steht und umrundet wird. Und vielleicht ist das ja sogar ganz in Liebknechts Sinn – denn so kann heute jeder, der es schafft, auf den hohen Absatz klettern. Ein Apell an alle, zum Frieden aufzurufen.

Adresse vor dem Haus Potsdamer Platz 10, 10117 Berlin-Tiergarten | ÖPNV S1, S2, S25, Haltestelle Potsdamer Platz; U2, Haltestelle Potsdamer Platz; Bus M41, M48, M85, 200, Haltestelle U+S-Bahn Potsdamer Platz | Tipp Musikgeschichte: Die Hansa-Tonstudios, Köthener Straße 38, sind ebenfalls ein Ort, der Geschichte gemacht hat. Hier nahmen in den 1980er Jahren unter anderem David Bowie, Falco und U2 Platten auf. Regelmäßige Führungen!

24 Der DenkOrt

Das wachsende Gedenken

Der Eingang zum Friedhof liegt direkt an der Kreuzung der beiden großen Verkehrsachsen. Es gibt aber kein Tor, das sich zum Friedhofsweg öffnet: Man muss durch einen schmalen Gang gehen, der komplett mit dunklen Brettern nach außen abgeschlossen ist. Er führt um eine Ecke und dann noch eine, ein Ausgang ist nicht zu sehen. Es ist eng und dunkel, und ganz plötzlich fühlt man sich merkwürdig beklommen. Doch dann, noch bevor man dieses Gefühl richtig einordnen kann, tritt man schon wieder heraus – und steht auf dem Friedhof. Den Moment des Eingeschlossenseins aber nimmt man mit und begegnet diesem Ort der Erinnerung in sonderbar bewegtem Zustand.

Der DenkOrt wurde für all die namenlosen Opfer des sowjetischen »Speziallager Nr. 3« in der Genslerstraße errichtet. Dort nutzte die sowjetische Besatzungsmacht 1945 den Keller einer Großküche als Sammel- und Durchgangslager. In winzigen, fensterlosen und bunkerartigen Zellen wurden Spione, NSDAP-Aktivisten, Terroristen und, wie sich später herausgestellt hat, ziemlich wahllos auch Jugendliche und Frauen inhaftiert und unter miserablen Verhältnissen gefangen gehalten. Man schätzt, dass in der Zeit von Juli 1945 bis zur Schließung des Lagers im Oktober 1946 über 3.000 Menschen in der Haft an Hunger und Kälte gestorben sind.

Als man 1995 die sterblichen Überreste von Unbekannten fand, die um das Lager verscharrt worden waren, beerdigte man sie hier auf dem Friedhof. Daran erinnern die Steinbeete auf der blühenden Wiese. Der Kontrast zwischen dem lebendigen Grün und dem toten Grau könnte nicht größer sein. Aber der Ort ist nicht starr, sondern wächst und verändert sich stetig: Neue Steine können dazugelegt und die Felder auf der Wiese dürfen umsortiert werden.

Der dunkle Gang und das unfertige Denkmal fordern den Besucher auf, sich einzubringen. An diesem früheren Ort des Schreckens – und vielleicht ja auch an anderer Stelle.

Adresse Friedhof Hohenschönhausen, Gärtnerstraße/Ecke Rhinstraße, 13055 Berlin-Hohenschönhausen | **ÖPNV** Tram M 17, 27, Haltestelle Rhinstraße/Gärtnerstraße; Bus 294, Haltestelle Rhinstraße/Gärtnerstraße | **Tipp** Gegen das Vergessen: Auch in der Gedenkstätte Hohenschönhausen in der Genslerstraße 66 wird an Ungerechtigkeit und menschenunwürdige Verhältnisse erinnert.

25 Die Düne

Tag am See

Aus der Vogelperspektive sticht die Düne sofort ins Auge, denn von oben sieht es rund um den Müggelsee vor allem grün bis blaugrün aus: Wald, Wasser, Moor und Flüsse. Doch am südlichen Ufer des Kleinen Müggelsees leuchtet weiß ein herzförmiger Fleck aus dem grünen Kugelmuster der Bäume heraus.

Wenn man sich dem See vom Neuhelgoländer Weg aus nähert, dann bemerkt man bald, dass der Waldboden immer heller wird. Und dann hört der Wald ganz plötzlich auf, man tritt heraus aus dem Dämmerlicht der Bäume und steht unvermittelt auf feinem Sand in der gleißenden Sonne. Hier gibt es keinen mit Bojen abgetrennten Nichtschwimmerbereich, keinen Steg, keinen Langnese-Kiosk und keinen Parkplatz am Waldrand. Zu diesem versteckten Strandbad muss jeder hinwandern. Deshalb ist es hier auch nicht überlaufen. Sanft geht die Düne ins Wasser über. Schon seit der letzten Eiszeit liegt sie an dieser Stelle und hält den Wald auf Abstand zum Wasser.

Wer genug hat vom seligen Nichtstun, der kann auf Entdeckungstour gehen, immer am Ufer entlang. Der Trampelpfad beginnt hinter einem enormen Baumstumpf am Ende des Strandes. Man findet kleine Buchten, verrottete Stege und verwunschene Lichtungen. Und am Ufer zwischen den Zweigen und Blättern hindurch leuchtet einem die Düne über das Wasser zu.

Gegen Abend sollte man allerdings wieder am Strand sein, denn nun kommt der romantische Ausklang des Tags am See: Langsam geht die Sonne über dem Kleinen Müggelsee unter – Wasser und Himmel wechseln von Minute zu Minute die Farben, bis die Dunkelheit sie verschluckt. Und jetzt fehlt eigentlich nur noch der krönende Abschluss: nachts im See schwimmen. Das ist Berlins Jedermannsrecht, und das ist es, was den Berliner Sommer vollkommen macht. Man ist im Hier und Jetzt, fühlt sich frei, ungebunden, und der nächste Morgen in der Stadt ist noch endlos weit weg.

Adresse Neuhelgoländer Weg, 12559 Berlin-Müggelheim | **ÖPNV** Bus X69, Haltestelle Odernheimer Straße | **Tipp** Gipfelblick: Der Große Müggelberg ist mit 114,7 Metern der höchste Berg Berlins. Ein Blick über Seen, Wälder und über die Stadt hinweg lohnt sich.

26 Das Eastgate

Kein Zufall

Inzwischen sind es schon 60. Man kann sie also nicht länger ignorieren: Wie eine Invasion aus dem All ist eins nach dem anderen in den Bezirken der Stadt gelandet, um zu zeigen, wie gelenktes Einkaufen funktioniert. Denn im Shoppingcenter wird nichts dem Zufall überlassen. Und wer denkt, dass er hier seinen Kaufrausch selbst bestimmt, der irrt. Schon allein die Lage ist eine ausgetüftelte Angelegenheit. Das Eastgate scheint mit seinem geschwungenen Bogendach alle Menschen, sowohl diejenigen, die über die Brücke von der S-Bahn kommen, als auch alle Autofahrer auf der Märkischen Allee in sich hineinzusaugen. Wie ein riesengroßer silbern glänzender Magnet.

Im Innern stimmt alles. Die oberste Maxime für die Malls dieser Welt heißt ja nicht umsonst: Wohlfühlen. Je nach Jahreszeit bedeutet das dann eben erfrischende Kühle im Sommer, Wärme und Glitzer im Winter. Und ganz allgemein muss es sich hell, sauber, freundlich und sicher anfühlen. Dann kommen wir wieder.

Und wenn am Eingang ins Einkaufsreich eine Coffee-Kette mit »Sugarbabe Premium«-Kaffee plus Muffin lockt, dann kommt das Restaurant auf der Marzahner Promenade mit seinen Stiefmütterchen in den Blumenkästen und den Spitzengardinen vor den Fenstern schon lange nicht mehr dagegen an. Viele Schaufenster in der einst durchaus bekannten Marzahner Ladenstraße stehen leer. Allerdings war die Zeit der Promenade auch schon eine Weile vor dem Bau des Shoppingcenters abgelaufen.

Im Eastgate auf der Rolltreppe: kichernde Mädchen, fachsimpelnde Männer und eine Gruppe, die eine Verkaufsaktion vorbereitet. Es ist was los hier am Dienstagvormittag. Einige Vereine aus der Gegend kündigen ihre eigenen Veranstaltungen im Center an. Es scheint also vielleicht doch eine Möglichkeit zu geben, den Lockrufen des Konsums zum Trotz, diesen Ort selbst in die Hand zu nehmen – von und für die Menschen im Viertel.

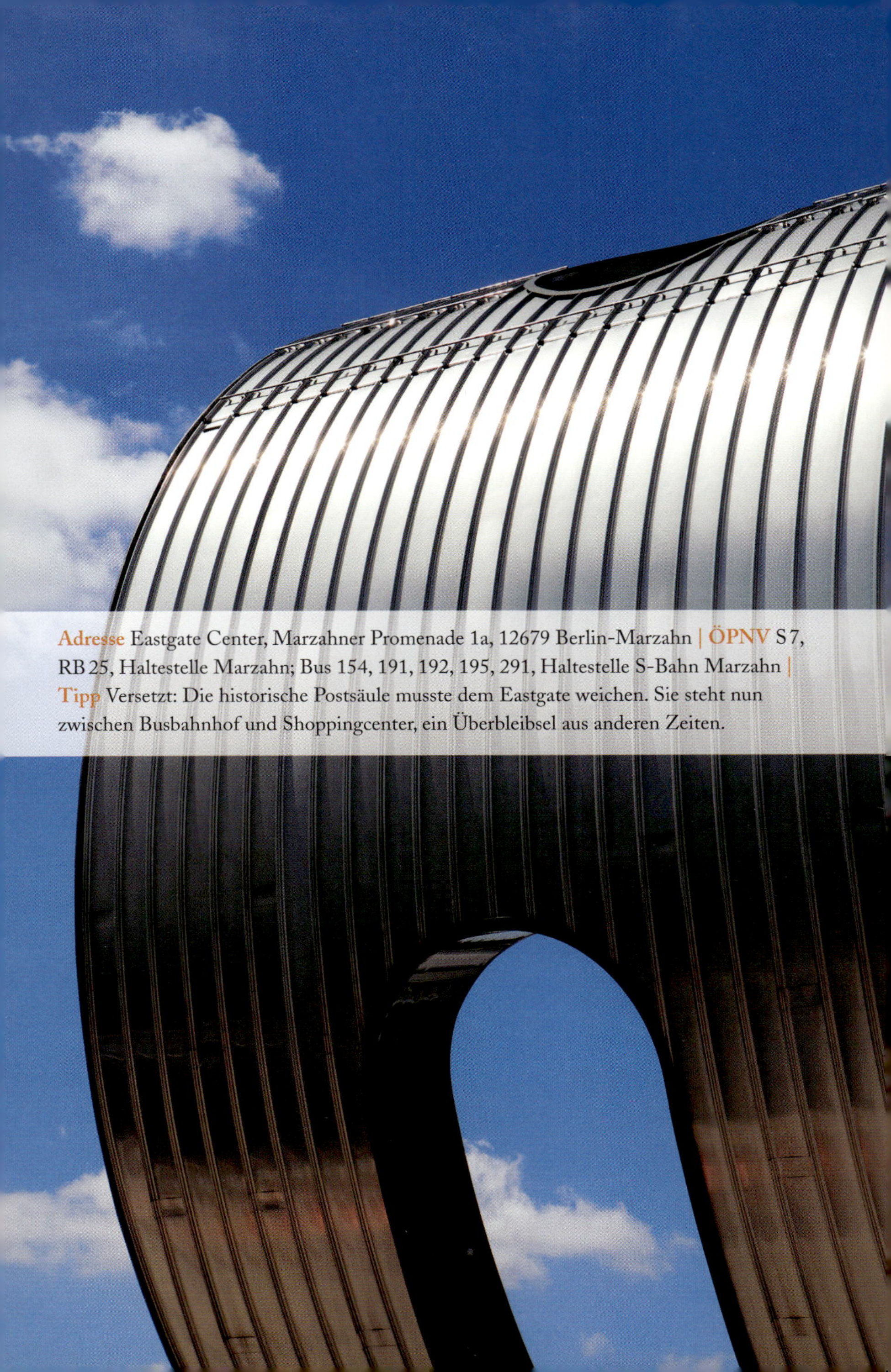

Adresse Eastgate Center, Marzahner Promenade 1a, 12679 Berlin-Marzahn | ÖPNV S 7, RB 25, Haltestelle Marzahn; Bus 154, 191, 192, 195, 291, Haltestelle S-Bahn Marzahn | Tipp Versetzt: Die historische Postsäule musste dem Eastgate weichen. Sie steht nun zwischen Busbahnhof und Shoppingcenter, ein Überbleibsel aus anderen Zeiten.

27 Das ehemalige Kinderkrankenhaus

Ruine für Einsteiger

Das Klettern über eine bröckelige Fabrikmauer, der gefundene Kellereinstieg in die verlassene Botschaft oder auch der Ausblick von einem neu gebauten Hochhaus-Rohbau – das sind echte Berlin-Momente. Doch das Kribbeln im Bauch bei den ersten Erkundungstouren durch die dunklen Etagen leer stehender Häuser und Fabriken und das vollendete Gemeinschaftsgefühl auf den selbst organisierten »Einstiegs-Partys« sind inzwischen aus Berlin so gut wie verschwunden. Aber hin und wieder stößt man auf Orte, an denen diese längst vergangen geglaubten Zeiten noch einmal aufleben. Zumindest in der Erinnerung. Das ehemalige Säuglings- und Kinderkrankenhaus in Weißensee ist so ein Ort. Bei jedem Schritt knirschen die Glassplitter unter den Schuhen, und vorsichtig testet man Treppenstufen und Böden auf ihren Zustand, bevor man sich in die nächsten Räume und anderen Geschosse vorwagt.

Das Besondere an diesem verlassenen Gelände: Es steht offen. Nicht nur das große Tor an der Straße ist einladend weit geöffnet, jede Tür und jedes Fenster in den Gebäuden ist entfernt, sogar die Gitterstäbe vor den kleinen Lüftungsschächten hat jemand zur Seite gebogen. In den Foren und Blogs der Fotografen und Filmemacher von »Abandoned Places« gilt das verlassene Krankenhaus in Weißensee deswegen auch als »Ruine für Einsteiger«.

Aber diese Offenheit schafft eben auch eine ganz besondere Stimmung: In den Zimmern und auf den Fluren sind die wuchernden Bäume, die wilden Gräser und das Gezwitscher der Vögel genauso präsent wie draußen. Es ist, als ob die Grenzen zwischen drinnen und draußen aufgehoben wären. Das Neon der Graffiti leuchtet durch das Urwaldgrün, und auf eine ganz eigene Art romantisch, wie es nur verlassene Orte sein können, liegt die kleine Kapelle hinten auf dem Krankenhausgelände versteckt.

Adresse Hansastraße 181, 13088 Berlin-Weißensee | ÖPNV Tram M 4, 27, Haltestelle Buschallee/Hansastraße; Bus 259, Haltestelle Buschallee/Hansastraße | Tipp Abkühlung: Mit Sicherheit weniger einsam und verlassen – außer an Regentagen vielleicht – geht es im Strandbad am Orankesee in der Gertrudstraße 7, 13053 Berlin, zu.

28 Der Eiffelturm

Wedding – Mon Amour!

Manchmal hat man es so satt. Einfach alles. Dann kommt einem die Stadt unerträglich laut und dreckig vor, und der nächste Urlaub ist noch unendlich weit weg. An Tagen wie diesen sollte man sich nicht unnötig quälen – sondern losziehen, sich treiben lassen und Urlaub spielen.

Und wenn man dann mit diesem ganz besonderen Urlaubs-Blick durch Berlin geht, dann kann es passieren, dass man durch die Müllerstraße kommt und plötzlich etwas entdeckt, das einem sonst im Vorbeihasten vielleicht gar nicht aufgefallen wäre: Hier steht nämlich der Eiffelturm. Ein wenig kleiner als das Pariser Exemplar zwar, aber ganz und gar unverkennbar der Eiffelturm. Und schon das allein kann manchmal helfen. Man fühlt sich auf einmal viel leichter und unbekümmerter, ein unerklärliches Savoir-vivre durchströmt einen, und man fühlt sich unternehmerisch, ja geradezu übermütig.

Hinter dem Turm liegt ein kleiner Park, und dahinter befindet sich das Centre Français de Berlin, ein Hotel und Kulturort für deutsch-französischen Austausch. Und um das »Little France« in Berlin perfekt zu machen, sind im Park drei Boule-Bahnen angelegt. Das ist genau das Richtige für einen Kurzurlaubs-Tag: eine Boule-Partie im Schatten des Eiffelturms. Im französischen Restaurant »La Brasserie de France« kann man die Kugeln dafür leihen – und auch einen Wein der Woche dazu erstehen, wenn einem danach ist.

Und dann stört auch schon nicht mehr, dass der Berliner Eiffelturm beim näheren Hinsehen doch sehr wie eine Attrappe wirkt, dass er aus Holz ist und einfach stahlgrau angepinselt wurde, dass er mit einem morschen Jägerzaun abgesperrt und am Abend mit einer festgetackerten Biergarten-Lichterkette beleuchtet ist – ob Wedding oder Paris, das spielt eigentlich gar keine Rolle mehr, Hauptsache, die Stimmung ist wieder gut. Denn so eine Entdeckung wie der Berliner Eiffelturm, die macht gute Laune.

Adresse Müllerstraße 74, 13349 Berlin-Wedding | **ÖPNV** U 6, Haltestelle Rehberge | **Tipp** Kino im Park: Das Freiluftkino Rehberge, umgeben von alten Bäumen, ist bestimmt das schönste Freiluftkino im Norden Berlins und liegt ungefähr hier: Windhuker Straße/ Ecke Petersallee.

29 Die Eisbahn

Die Ärzte, Pommes Schranke und weiche Knie

Das Einzige, was den unendlichen Winter in Berlin erträglich macht, ist das Schlittschuhlaufen. Doch die Winter sind zwar lang, aber ungerechterweise nicht durchgehend kalt genug, um Seen, Flüsse und Kanäle dauerhaft zuzufrieren. Ein Glück also, dass es Eisbahnen gibt.

Die Alte Eisbahn Lankwitz liegt versteckt hinter einem Parkplatz und verwaisten Außensportanlagen. Schon beim Näherkommen über den gepflasterten Fußweg hört man die Ärzte mit: »Oh, ich hab solche Sehnsucht …« Im Umkleideraum hält man sich nicht unnötig lange auf – nicht nur wegen des ziemlich beißenden Geruchs, der hier aus den unzähligen gefütterten Winterstiefeln strömt. Von draußen tönt es aus den Lautsprechern: »Ich will zurück nach Westerland.« Und schon steht man auf dem Eis. Zuerst vorsichtig und noch ein wenig staksig, doch dann nach den ersten gleitenden Schritten über die spiegelglatte Fläche immer sicherer, immer schneller.

Die Runden werden nicht eintönig. Das Ausweichen klappt manchmal – und manchmal nicht. Das liegt vielleicht auch an den orangen Robben, welche die Kinder hier über das Eis schieben können. Eine sehr gute Idee, um das Gleiten ganz ohne blaue Flecken und dröhnenden Kopf zu erlernen. Doch die Robben sind auch gute Schutzschilder, mit denen es sich vortrefflich die Bahnen kreuzen lässt, und so werden die Tiere auch schon mal zum schliddernden Autoscooter, wenn von der Eisbahn-Aufsicht gerade nicht genau hingesehen wird.

Und dann ist einem warm. Der graue Himmel, der endlose Januar und der nicht enden wollende Februar – all das stört nicht länger, und spätestens bei der Pommes Schranke vor der blauen Imbissluke und unter den bunten Scheinwerfern, die hier den Tag verlängern, fühlt es sich wieder an wie damals: laute Musik, Flirt-Stimmung und die Knie weich wie Gummi bei den ersten Schritten zurück auf festem Boden. Ein gutes Gefühl.

Adresse Alte Eisbahn Lankwitz, Leonorenstraße 37, 12247 Berlin-Steglitz, www.eisbahn-lankwitz.de | **Öffnungszeiten** siehe Homepage | **ÖPNV** S 25, Haltestelle Lankwitz; Bus M 82, X 83, 181, 187, 283, Haltestelle Stadtbad Lankwitz | **Tipp** Der Eishockey-Kicker: Die Kunst liegt nicht im Kicken, sondern im Schläger-Drehen – großer Andrang, wenn die Eisbahnmaschine ihre Runden dreht und alle warten müssen.

30 Das erste Haus an der Karl-Marx-Straße

Der Marx und der Engel

Der Dreck hat die Wände des Eckhauses im Laufe der Zeit gleichmäßig eingegraut. Im Erdgeschoss wollen eine Donut-Kette und ein Schnäppchenmarkt mit besonders grellen Farbtönen locken, und abends versuchen die roten Leuchtröhren vor den zugezogenen Vorhängen in einer der oberen Etagen das Gleiche.

Das ist normalerweise alles, was man beim Vorbeifahren wahrnimmt, denn schon öffnet sich hinter der Ecke der Hermannplatz und nimmt jede Aufmerksamkeit in Anspruch. Hier prallt zu jeder Tages- und Nachtzeit aufeinander, was Neukölln ausmacht und für sich verteidigen will: trendige Hipsters auf dem Weg zur U-Bahn, arabische und türkische Jugendliche grüppchenweise auf dem Platz in der Mitte, Polizei-Einsatzwagen am Straßenrand, die Frühlingsmode in den Schaufenstern von Karstadt.

Aber das graue Haus an der Ecke hält eine Besonderheit parat, die, hat man sie einmal entdeckt, immer wieder die Laune heben kann: Über dem Hausnummernschild mit der 1 ist ein Relief von Karl Marx an der Hauswand angebracht. Und nur ein kleines Stück neben ihm schwebt ein kleiner, pummliger Barockengel unter der Balustrade. Das letzte Schmuckstück am Haus, das auf wundersame Weise Krieg und Zerstörung überlebt hat. Wahrscheinlich gab es hier früher viele Engel und viel Stuck und Prunk. Wahrscheinlich zu der Zeit, als gegenüber das größte Warenhaus der Stadt stand, luxuriös und mächtig. Heute schwebt die kleine Putte neben Karl Marx, ein Fassadenensemble, das grotesker nicht sein könnte. Der Engel schaut zu Boden, Karl Marx hingegen blickt ernst in die Ferne.

Und noch eine Entdeckung: Neben der Haustür, ungefähr auf Kniehöhe, klebt ein unauffälliges Schild an der Wand. Darauf steht, dass Joseph Beuys am 1. Mai 1972 die Abfälle auf der Karl-Marx-Straße zusammengefegt hat, um sie später auszustellen.

Adresse Karl-Marx-Straße 1, 12043 Berlin-Neukölln | **ÖPNV** U 7, U 8, Haltestelle Hermannplatz; Bus M 29, 171, 194, 334, Haltestelle U-Bahn Hermannplatz | **Tipp** Nie wieder underdressed: Es ist eine richtige Meile zwischen Karl-Marx-Straße und Sonnenallee, auf der es Brautkleider und Abendkleider in allen Varianten gibt, zum Beispiel im Sissy Brautmoden in der Karl-Marx-Straße 30.

31 Die ExRotaprint-Kantine

Das neue Eigentum

Durch die hohe Fensterfront blickt man auf das alte gemauerte Tor. Die Kantine ist hier, gleich hinter dem Eingang zum Gelände, nicht wegzudenken. Sie ist der Treffpunkt für alle, die in und um die ehemaligen Produktionshallen des Druckmaschinenherstellers Rotaprint arbeiten, und sie ist Schnittstelle zwischen dem alten Fabrikgelände und dem Viertel drum herum. Und die Kantine ist vielleicht der Ort, an dem der Geist des Modells ExRotaprint am deutlichsten zu spüren ist.

Die Gründer der gemeinnützigen Gesellschaft ExRotaprint haben für ihre Vision, das denkmalgeschützte Werksgelände neu zu beleben, das Prinzip Eigentum ganz neu gedacht. Die oberste Maxime sollte es sein, dass Räume für Künstler, soziale Projekte und Werkstätten entstehen – und auch erhalten bleiben. Kein Immobilienmarkt sollte jemals wieder diese Flächen »aufwerten« und weiterverkaufen können. Das Ergebnis eines langen und zähen Kampfes der beiden Initiatoren Daniela Brahm und Les Schliesser: ExRotaprint ist mittels Erbaurecht Besitzer der Gebäude. Die Mieteinnahmen dienen einzig dem Erhalt des Ganzen. Und: Der Begriff Eigentum ist von diesem Gelände verbannt worden.

Doch die Gebäude rund um den markanten Turm aus versetzten Beton-Kuben sind bei Weitem keine Künstlerhochburg, sondern ein Ort, der für seinen Bezirk offen ist. Die Weddinger können hier günstige Gewerberäume mieten, und es werden soziale Projekte, zum Beispiel für Jugendliche aus der Umgebung, untergebracht. Und das ist wahrscheinlich das wirklich Zukunftsweisende an diesem Modell: Es fördert und unterstützt die Vielfalt in einem Viertel, in welchem die alteingesessenen Mieter durch neue Strukturen nach und nach vertrieben werden.

Daniela Brahm und Les Schliesser sind Konzeptkünstler. ExRotaprint ist zu ihrem bedeutendsten Werk geworden. Ein Modell zum Nachmachen – nicht nur im Wedding, nicht nur in Berlin.

Adresse Gottschedstraße 4, 13357 Berlin-Wedding | Öffnungszeiten Mo – Fr 8 – 16 Uhr | ÖPNV U 9, Haltestelle Nauener Platz; Bus 247, 327, Haltestelle U-Bahn Nauener Platz | Tipp Einquartiert: Man kann auf dem Gelände auch übernachten – und das Modell ExRotaprint besser kennenlernen (Anmeldung: guests@exrotaprint.de).

32_Fichú

Über die Mode erhaben

Wenn Oleg Ilyapour erklärt, was das Besondere an seinen Stoffen ist, dann wird die kleine Ecke neben der Tür, wo der Stuhl und das Radio stehen, die einzige Ecke im Geschäft, wo sich keine Stoffballen bis unter die Decke türmen, zu klein. Aber auf dem Bürgersteig vor der Ladentür kommt Oleg in Fahrt. »Fichú«, erklärt er, sei zwar der Name der Schultertücher für Frauen im alten Frankreich, »fichú« bedeute aber übersetzt auch: erledigt, vorbei, fertig.

Und er ist vielleicht der Letzte, der hier in Schöneberg hochhält, was eigentlich schon längst vorbei ist: die Zeit der edlen Stoffe! Er lacht, breitet die Arme aus und scheint überhaupt nicht bekümmert darüber zu sein, dass die Zeiten sich ändern.

Oleg mit seinem langen grauen Bart, oder auch einfach »der Fichú«, wie ihn viele hier im Kiez nennen, ist eine feste Größe in der Akazienstraße. Er macht den hübschen Mädchen Komplimente und hebt lachend die Hand zum Gruß, wenn alte Bekannte vorbeikommen. Er kennt sie alle. Aber er kennt auch die Stoffe in seinem Laden. Jeden einzelnen. Die neuesten stammen aus den 1960er Jahren. Neben einem Turm mit Hemdenstoffen aus den 1920er Jahren stapeln sich Originale aus dem ausgehenden 19. und 20. Jahrhundert. Nur Synthetisches wird man hier nicht finden. Nicht einmal im allerkleinsten Anteil.

Den Laden und den Großteil der Ware hat Oleg Ilyapour von seiner Mutter übernommen. Ihr gehörte der Stoffladen, und von ihr hat er nicht nur die Besonderheiten von Material und Muster gelernt – sondern sie hat ihm auch beigebracht, was Frauen wollen. Das Problem sei nur, so Ilyapour, die Frauen wüssten das heute selbst nicht mehr. Es gehe heute nicht mehr darum, seinen eigenen Stil zu finden und diesen mit neuen Stoffen und besseren Schnitten zu verfeinern – die Frauen wollen nur noch mithalten in dem, was die Mode vorgibt, jeden Sommer aufs Neue. Dabei gibt hier in Schöneberg einen Ort, an dem die eine oder andere sicher besser beraten wäre.

Adresse Akazienstraße 21, 10823 Berlin-Schöneberg | **Öffnungszeiten** Mo, Mi, Fr 14–18, Di 15–18, Sa 11.30–15 Uhr | **ÖPNV** U7, Haltestelle Eisenacher Straße; Bus M48, M85, 104, 187, Haltestelle Kaiser-Wilhelm-Platz | **Tipp** Nur auf Rezept: Auf den großen Tischen im »Kochhaus« in der Akazienstraße 1 sind die Zutaten, die man kauft, nach Rezepten sortiert.

33 Das Flugfeld Johannisthal

Eine Ahnung vom Fliegen

Endlose Weiten, grenzenlose Freiheit: Fliegen ist und bleibt *das* Sinnbild für die ganz großen Träume der Menschen. Das Abfertigen zusammengepferchter Reisender an den Flughäfen hat damit nicht viel gemeinsam. Aber auf dem Steg über den wilden Wiesen, an der windigsten Stelle der Stadt, da kann man ihn durchaus noch spüren, den Traum vom Fliegen.

Hier in Johannisthal wurde er gelebt wie sonst fast nirgendwo: Flugschulen, Flugwettbewerbe, Flugveranstaltungen aller Art fanden hier auf dem zweiten Motoren-Flugplatz der Welt statt. In einem Berliner Stadtführer von 1912 steht beschrieben:

»Auf dem Flugplatz … steht ein ganzer aviatischer Park. Der riesige waldumgrenzte Flugplatz … ist mit großen Tribünen versehen, von denen aus das Flugschauspiel prachtvoll zu beobachten ist … An gewöhnlichen Tagen wird in Johannisthal bei gutem Wetter immer von zahlreichen Piloten und deren Schülern geflogen, und der Zuschauer kommt fast stets auf seine Rechnung.«

Auch heute kommt man auf seine Rechnung, wenn das Spektakel auch von einer anderen Art ist. Es geht über den Steg, die Schafe auf der Wiese sehen von Weitem aus wie weiße Punkte. Von dem Flugfeld ist kaum noch etwas zu finden. Ab und zu Asphaltreste, die von den Gräsern und Blumen beinahe schon aus dem Boden gehebelt werden, ganz am Ende des Geländes bei dem alten Schornstein stehen noch einige Gebäude. Die meisten sind in sich zusammengefallen. Auch hier hat die Natur schon lange die Oberhand zurückgewonnen.

Aber etwas ist doch noch geblieben vom alten Flugplatz. Man muss gar nicht lange danach suchen. Der Gang einmal um die Wiese dauert eine knappe Stunde, Abzweigungen oder Abkürzungen gibt es nicht. Eine Stunde am windigsten Ort von Berlin – das macht den Kopf wieder frei und lässt den Gedanken ihren Lauf – und hinterlässt tatsächlich so etwas wie eine Ahnung von der ganz großen Freiheit des Fliegens.

Adresse Zugang über Groß-Berliner Damm, Rudower Chaussee oder Hermann-Dorner-Allee, 12487 Berlin-Treptow | **ÖPNV** Tram M 11, Haltestelle Sterndamm/Stubenrauchstraße; Tram 63, Haltestelle Haeckelstraße; Bus 160, Haltestelle James-Franck-Straße; Bus 163, Haltestelle Groß-Berliner-Damm-Mitte; Bus 265, Haltestelle Segelfliegerdamm/Waldstraße | **Tipp** Selbst gemachte Abkühlung: Nicht nur etwas für die ganz heißen Sommertage ist das eigene Eis aus der »Blauen Lagune«, Sterndamm 65, 12487 Berlin-Johannisthal.

34 Das Fort Hahneberg

Bereit für den Angriff – der nie kam

Satte Grasmatten, hügelige Landschaft, uralte Bäume. Es ist unmöglich, von hier oben zu erraten, dass unter den Wiesen eine ganze Stadt in den Berg hineingebaut ist. Erst beim genauen Hinsehen fallen die kurzen gelb gemauerten Klinkertürmchen auf, die hier und da zwischen dem hohen Gras aus den Hügeln gucken, und die Tore, die an einigen Stellen nach unten, ins Innere führen.

Das Fort zur Verteidigung der Spandauer Zitadelle wurde 1882 in das grüne Land gebaut. Doch als es fertig war – mit einem beeindruckenden und bestimmt unüberwindbaren Wall und mit all seinen unterirdischen Räumen und Gängen, den Kanonenaufzügen und den nach allen Regeln der Baukunst gemauerten Bögen und Gewölben aus gelbem Klinkerstein –, da wurde Spandau in Berlin eingemeindet, und die Heerschmiede in der Zitadelle verlor als Angriffsziel an Bedeutung. Hinzu kam, dass die in den 1880ern eingeführte, mit Sprengstoff gefüllte Brisanzgranate alle Festungsanlagen mit einem Schlag unbrauchbar und somit überflüssig machte. Die »Brisanzgranatenkrise« stellte weltweit die gesamte Kriegsführung auf den Kopf, und von den vier geplanten Verteidigungs-Forts rund um Spandau war das Fort Hahneberg das Einzige und demnach das Letzte seiner Art, das je gebaut wurde.

Dann, viel später, wurde Berlin in Sektoren aufgeteilt. Das Fort, das im Zweiten Weltkrieg erst als Kaserne und später als Lazarett genutzt wurde, befand sich jetzt mitten im Grenzgebiet – und wurde vergessen.

Vorher aber erlaubte man den Spandauern, die guten Klinkersteine vom Fort für den Wiederaufbau ihrer Häuser zu benutzen. Aus diesem Grund sieht die Wehranlage heute aus, als hätten große Vögel an der Fassade gepickt. Die jetzigen Bewohner in den unterirdischen Gängen und Gewölben scheint das allerdings nicht im Geringsten zu stören: Sie überwintern hier nur, im Sommer fliegen die Fledermäuse alle aus.

Adresse Hahnebergweg 50, 13591 Berlin-Spandau | **Öffnungszeiten** Führungen April–Okt. Sa, So, Feiertage 14 und 16 Uhr | **ÖPNV** Bus M 37, M 49, X 49, Haltestelle Hahneberg | **Tipp** Ausblick: Der Berg Hahneberg liegt neben dem Fort – vom Gipfel hat man eine phantastische Aussicht von Spandau über Berlin.

35_Das Freibad Plötzensee

Die Mischung macht's

Der See ist nicht groß, aber er ist ein Badesee mit Tradition. Schon die Soldaten des Kaisers, die in Kasernen am gegenüberliegenden Ufer untergebracht waren, sollen hier schwimmen gelernt haben. Die Stege aus Steinplatten könnten noch aus dieser Zeit sein. Sie liegen direkt an der Wasseroberfläche und führen rund um die Schwimmbecken. Das Freibad wurde einfach in den Plötzensee hineingebaut, auf beiden Seiten der Stege sieht man kleine Fische im Wasser. Es ist friedlich hier draußen. Am Ende erreicht man eine kleine Plattform, ebenfalls aus Stein. Von hier aus kann man das Treiben am Strand zwischen den Strandkörben und rund um das alte Strandbad-Gebäude aus den 1920er Jahren gut beobachten.

Wenn man dort die Steintreppe zwischen den beiden Strandbad-Flügeln hinaufgeht und dann noch weiter bis auf den Hügel, gelangt man auf ein Plateau, auf dem einige Bänke im Schatten der hohen Platanen stehen. Dahinter beginnt eine große Wiese, umgeben von alten Bäumen. Hier verliert sich das Strandbadgefühl langsam. Es gibt versteckte Liegewiesen zu entdecken, Tischtennisplatten unter alten Bäumen und kleine Schleichwege über das Gelände. Und genauso unterschiedlich wie die vielen Nischen und Ecken sind auch die Badegäste.

Das ist ja auch das, was Schwimmbäder und vor allem die Freibäder im Sommer ausmacht. Hier liegt Handtuch an Handtuch, oder es steht hintereinander in der Schlange für Pommes an, was sich normalerweise nicht so nahe kommt: junge Eltern mit ihren Kleinkindern aus dem Prenzlauer Berg, Weddinger Schulklassen, die unter dem unüberhörbaren Kommando ihres Lehrers stehen und sich trotzdem gegenseitig von der Rutsche runter schubsen, FKK-Freunde in dem für sie abgetrennten Bereich.

Die Herkunft ist nicht von Bedeutung: Am Strand werden alle vereint in ihrem Wunsch, für einen Tag der Stadt, der Hitze und dem Alltag zu entfliehen.

Adresse Nordufer 26, 13351 Berlin-Wedding | **Öffnungszeiten** Mai–Sept. Mo–So 9–19 Uhr, Tel. 030/45020533 | **ÖPNV** S 41, S 42, Haltestelle Beusselstraße (circa 800 Meter Fußweg); Bus TXL, 123, Haltestelle Gedenkstätte Plötzensee, Bus 106, Haltestelle Sylter Straße | **Tipp** Eine Seefahrt: Gegenüber vom Freibad kann man im urigen Bootshaus Plötzensee »Zur Fischerpinte« Ruder- und Tretboote mieten.

36 Der Friedenspark

Auf den Kuckucksbergen

Schon von Weitem leuchtet es den Autofahrern zu. Die Botschaft ist unmissverständlich. Kein Plakat, keine Werbetafel oder Leuchtschrift steht hier am Wall neben der Straße, sondern mitten auf der Wiese prangt ein riesengroßes, mit knallbunten Stiefmütterchen ausgefülltes Peace-Zeichen. Es wird jeden Frühling neu bestückt, immer mit anderen Blumen.

Oberhalb der mahnenden Stiefmütterchen liegt ein Plateau. Dort steht man mit einem Mal inmitten einer Löwenzahnwiese, erhaben über Stadt, Enge und Alltag. Der Blick schweift über alle Dächer hinweg, und der winzig kleine Fernsehturm dort hinten, wo der Himmel den Horizont berührt, liegt unerreichbar weit entfernt. Die Endlosigkeit des Himmels lässt einen schwindelig werden, im Tal fließt die Wuhle durch die sattgrünen Auen und Wiesen, und dahinter erhebt sich Marzahns höchster Gipfel, der Kienberg. Ein Kuckuck ruft – und im nächsten Augenblick antwortet drüben ein anderer Kuckuck.

Der Friedenspark ist ein künstlicher Berg. Als Hellersdorf im Jahr 1997 sein neues Zentrum »Helle Mitte« bekam, wurden die insgesamt 300.000 Kubikmeter Schutt und Erde gleich nebenan abgeladen und türmten sich immer höher und höher zu einem Berg neben der Straße.

Das war zur Zeit der Jugoslawienkriege. Die serbische Tänzerin und Friedensaktivistin Jelena Šantić setzte sich in Belgrad für das Zusammenleben der unterschiedlichen ethnischen Gruppen ein und gründete ein Antikriegszentrum. 1999 kam sie dann auch nach Berlin-Hellersdorf und weihte das Peace-Zeichen ein, als Symbol der Hoffnung, dass der Krieg in ihrer Heimat ein Ende finden möge. Nach ihrem Tod wurde der Park zum Friedenspark – zum Jelena-Šantić-Friedenspark. Der Berg mit Fernblick ist kein schlechter Ort, um sich an einen starken Menschen wie sie zu erinnern und für einen Moment zu verinnerlichen, dass Friede keine Selbstverständlichkeit ist.

Adresse Jelena-Šantić-Friedenspark, Hellersdorfer Straße 145, 12619 Berlin-Hellersdorf | **ÖPNV** U5, Haltestelle Neue Grottkauer Straße; Bus 197, Haltestelle Hellersdorfer Eck | **Tipp** Noch ein Gipfelblick: Den Kienberg auf der anderen Seite der Wuhle erklimmen. Von oben kann man durch die Sichtachsen noch weiter blicken als vom Friedensplateau.

37 Das Friedhofscafé

Ein lebendiger Ort

Es lohnt sich, auf dem alten Schöneberger Friedhof unter den hohen Bäumen die geflieste Gruft von Bolle, die Grabsteine der Brüder Grimm und das Grab von Rio Reiser zu suchen. Doch schon beim Betreten der Anlage erlebt man eine Überraschung: Gleich hinter dem mächtigen, mit Efeu bewachsenen Eingangstor stehen vor dem ebenso zugewachsenen Verwaltungshäuschen weiße, verschnörkelte Café-Stühle um Tische herum. Hier wird geredet, getrunken, gegessen und gelacht. Eigentlich alles Dinge, die man sich beim Friedhofsbesuch möglichst verkneift.

Das Café heißt »finovo«, Ende und Neubeginn. An der Eingangstür hängt ein Zettel, der die alljährliche Geburtstagsfeier von Rio Reiser ankündigt. Aus der eindrucksvollen Kapelle dahinter tönen laute Glockenschläge über den Friedhof. Im finovo unter den wunderschön gemalten Blumen an den Wänden treffen Friedhofsbesucher und -angestellte mit Menschen aus dem Viertel zusammen. Aus der Küche tönt das Geklapper von Töpfen, es duftet vertraut nach Kaffee und gebratenen Zwiebeln. Der Raum ist so klein, dass man unmöglich für sich bleiben kann.

Bernd Bossmann hat 2006 nicht auf Finanzierung gewartet, sondern das leer stehende Haus eingerichtet und begonnen, sich um den Friedhof zu kümmern. Sein Verein Efeu e. V. kocht nicht nur im Café, er bindet auch die Blumengestecke im Nebenraum, richtet Trauerfeiern im Obergeschoss aus und betreut die Eltern, die ihre verstorbenen Kinder auf den »Gärten der Sternenkinder« auf dem Friedhof beerdigen. Der Ort strömt so viel Geborgenheit aus, dass man sich sofort vorstellen kann, dass Trauer hier gut aufgefangen wird. Nicht umsonst nennt Bernd Bossmann sein Café auch: ein richtiges Gemeindezentrum. Auf die niedrige knallrote Bank, die er rund um einen Feigenbaum am Hang auf dem Friedhof gebaut hat, ist er besonders stolz. Es ist ein Platz für Kindergruppen, die regelmäßig den Friedhof besuchen.

Adresse Café finovo, St.-Matthäus-Kirchhof, Großgörschenstraße 12, 10829 Berlin-Schöneberg | **Öffnungszeiten** täglich ab 10 Uhr, im Winter bis Sonnenuntergang, im Sommer bis 20 Uhr | **ÖPNV** S 1, S 2, S 25, Haltestelle Yorckstraße; U 7, Haltestelle Yorckstraße; Bus M 19, Haltestelle S+U-Bahn Yorckstraße | **Tipp** Frei nach Schnauze: Das Theater O-TonArt, Kulmerstraße 20A, ist eine in einem Hinterhof versteckte, kleine und feine Bühne mit ausgewähltem Unterhaltungsprogramm.

38 Das Funkturm-Restaurant

Eine Perle der Lüfte

Der Eingangspavillon ist nicht leicht zu finden, der Funkturm steht in einem Hinterhof. Erst wenn man sich durch einen Seitenflügel durchgefragt hat, einen Ausläufer des gigantischen silbernen ICCs, gelangt man durch mehrere Eingangshallen in eine Art Wirtschaftshof. Die Lüftungsanlagen brummen, Mülltonnen stehen am Weg. Und wenn man schon aufgeben möchte und ganz sicher ist, dass man irgendwo falsch abgebogen ist, blickt man nach oben und sieht: Man steht direkt unter den Stahlbeinen des Funkturms.

Und auf einmal scheint die Zeit zurückgedreht. Die Bilder aus längst vergangenen West-Berliner Zeiten sind plötzlich wieder da, zum Beispiel der Funkturm bei Nacht, beleuchtet mit unendlich vielen Glühbirnen, von denen immer einige kaputt waren und kleine dunkle Löcher in den Lichterketten im Nachthimmel hinterließen. Funkturm, das bedeutete auch, nach einer Reise wieder zu Hause angekommen zu sein. Auf dem Funkturm war man mit den Eltern und Großeltern, man stand ganz oben auf der Plattform, um Berlin als Ganzes und Grenzenloses zu sehen – und danach im Restaurant zu essen.

Und dieses Restaurant ist eine Wiederentdeckung, die sich lohnt. Die weißen, geschwungenen Muschel-Decken, die Stillleben, die mit Hilfe verschiedener Holzarten in die Wände eingearbeitet sind, das verzierte Büfett, alles hier oben wurde nach dem Krieg wieder entsprechend dem Original-Restaurant von 1924 aufgebaut. Es gibt so viel zu entdecken und zu bewundern, dass der Ausblick auf die Stadt zunächst einmal nebensächlich wird. Das muss man erst einmal schaffen!

Wie in einem Dampfer aus einer anderen Zeit schwebt das Funkturm-Restaurant über den nie zur Ruhe kommenden Adern dieser Stadt und bleibt doch von den wechselnden Moden vollkommen unberührt. Gedämpfte Gespräche, gutes Essen und dazu der Blick über das West-Berlin, das es ja so eigentlich gar nicht mehr gibt.

Adresse Messedamm 22, 14055 Berlin-Charlottenburg | **Öffnungszeiten** Di 18–23 Uhr, Mi–So 11.30–23 Uhr | **ÖPNV** S 41, S 42, S 45, S 46, S 47, Haltestelle Messe Nord/ICC; Bus M 49, X 34, X 49, 104, 139, 218, 349, Haltestelle Messe Nord/ICC | **Tipp** Das Raumschiffsinnere: Es lohnt sich, das ICC einmal zu besichtigen, zum Beispiel auf einer Veranstaltung.

39 Das Georg-Kolbe-Haus

Refugium unter Kiefern

Man begreift diesen Ort schlagartig – nämlich dann, wenn man im Skulpturenhof steht. Der Hof ist von schlichten Ziegelsteinmauern umgeben, und durch zwei Tore verbindet er die beiden kubischen Häuser und den Garten miteinander. Er öffnet sich in das Grün, hinein in die Majestät der alten Bäume, und schließt gleichzeitig alles, was von außerhalb kommt, aus. Ein Rückzugsort.

Aber einer, der voll von Begegnungen ist. Denn in diesen Hof stellte Georg Kolbe seine Bronze-Skulpturen. Und die sind es, denen man von nun an folgt, durch den Hof, in den Garten hinein, am Efeu entlang, über die Wiese unter den hohen Kiefern und bis um das Haus herum. Und auf einmal ist alles voller Bewegung. Die Tänzerin, Kolbes wohl berühmteste Skulptur, thront im Zentrum des Gartens und schwingt sich über dem Brunnen mit erhobenen Armen empor, hinaus aus dem starren Stein.

Man begreift, dass Georg Kolbes Skulpturen damals das Gleiche machten, auch sie stachen heraus und setzten den ehernen preußischen Denkmälern der Kaiserzeit etwas Neues, Leichtes und als Akt etwas ganz und gar Ungebundenes entgegen. In das Atelier, das Wohnhaus und den Garten hat Kolbe 1928 beinahe sein gesamtes Vermögen gesteckt. Seine Frau Benjamine starb früh und wurde auf dem Waldfriedhof, heute Friedhof Heerstraße, begraben. Um in ihrer Nähe sein zu können und um Ruhe zu finden, wählte der Bildhauer wohl diesen besonderen Ort für sein Atelier. Es wurde das erste Haus weit und breit, das Grundstück lag mitten im Grunewald. Über das Gelände führte ein breiter Waldweg, der von großen Kiefern gesäumt war. Man kann seinen Verlauf zwischen den beiden Kiefernreihen auch heute noch erkennen.

Das wirklich Besondere dieses Ortes, an dem sich innen und außen fast übergangslos zusammenfügen, ist schwer zu beschreiben. Aber man nimmt es auf und trägt es mit sich, wenn man ihn wieder verlässt.

Adresse Sensburger Allee 25, 14055 Berlin-Charlottenburg | **Öffnungszeiten** Di–So 10–18 Uhr | **ÖPNV** S5, Haltestelle Heerstraße; Bus M49, X34, X49, 218, Haltestelle S-Bahn Heerstraße | **Tipp** Kochen im Kolbe-Haus: Das Café K ist nicht nur ein bezaubernder Ort zum Essen und Verweilen, sondern bietet auch besondere Kochkurse an (Informationen unter www.cafe-k.com).

40 Die Givebox

Geschenkt!

Der Skeptiker ist argwöhnisch, der Zweifler glaubt nicht, dass es überhaupt funktioniert, und der Ordnungsliebende macht sich Sorgen, dass seine Nachbarschaft zu einem besseren Müllplatz verkommt. Doch allem Misstrauen zum Trotz: Die Givebox ist en vogue. Immer neue Boxen werden gebaut und eingerichtet. Und nicht nur in Berlin. In Düsseldorf, Kiel und sogar in San Francisco gibt es bereits welche. Und eigentlich ist das auch kein Wunder, denn das Prinzip ist einfach: Es geht ums Schenken.

In dem überdachten, begehbaren Schrank in der Steinstraße hängen Pullis, Blusen und Babyjacken an der Kleiderstange, in den Regalen stapeln sich Bücher, Filme, Teller, und auf dem Boden steht ein Kinder-Autositz. Ausrangierte Sachen. Die aber noch nicht ausgedient haben.

»Sharing is caring« steht obendrüber. Auf den ersten Blick scheint die Box nicht so recht hierherzupassen. Die umliegenden kleinen Straßen sind schließlich Berlins feinste Einkaufsgegend. Und doch steht sie hier gut und richtig. Denn sie ist Teil einer Bewegung, die inzwischen in vielen Bereichen in Berlin zu finden ist: Carsharing, mobile Arbeitsplätze und Nachbarschaftsgärten sind alles Beispiele dafür, dass Menschen sich vernetzen, teilen und tauschen und das zusammenschmeißen, was sie besitzen.

Das Besondere an der Givebox ist, dass das Geben und Nehmen anonym bleibt. Man weiß nicht, wer die ausrangierten Sachen bekommt. Aber es gibt trotzdem eine Art Kommunikation. In das Gästebuch, das in dem Regal steht, hat jemand geschrieben: »Danke für das schöne Geschirr.« Ein anderer schreibt: »Ich habe hier ein Fahrrad gefunden – Ist das wirklich zu haben? Wenn nicht, ruft mich an!« Daneben eine Zeichnung von einem Fahrrad und eine Telefonnummer. Man kann sagen, dass das Schenken und Beschenkt-Werden gut ankommt: Auf Facebook hat die Givebox bereits mehrere tausend Fans.

Adresse Neben dem Haus Steinstraße 37, 10119 Berlin-Mitte | ÖPNV U 8, Haltestelle Weinmeister Straße; Tram M 1, 12, Haltestelle U-Bahn Weinmeisterstraße | Tipp O.k.: Chinesische Emailleteller, russische Steh-auf-Puppen oder Plastiktaschen aus dem Senegal – dieser Laden, Alte Schönhauser Straße 36/37, ist eine wahre Fundgrube.

41 Die Gründerzeit-Platte

Ein echter Hingucker

Platte ist Platte, denkt man und bemerkt die Wohnblöcke kaum, die am Straßenrand vorüberziehen. Doch dann registriert man im Vorbeifahren aus den Augenwinkeln auf einmal: Erker, Stuckgesims, Statuen, ein bisschen italienische Renaissance, ein bisschen englisches Stadthaus. Mitten in Hellersdorf.

Die Täuschung ist gelungen. Denn erst auf den zweiten oder dritten Blick wird klar, dass hier etwas nicht stimmt. Zum Beispiel die Katze, die auf dem Sims dem Schmetterling hinterherjagt. Sie verharrt im Sprung. Denn sie ist gemalt. So wie auch all die kunstvollen architektonischen Details, die Simse, die Verzierungen, Giebelfenster und Ziegeldächer: Es ist alles Pinselwerk, das mit perfekten Schattierungen die glatte Hauswand in eine dreidimensionale Stuckfassade verwandelt.

Wie vor einem riesengroßen Wimmelbild läuft man vor den Fassaden auf und ab und versucht, die Täuschungen zu enttarnen. Und dabei gibt es einiges zu entdecken: Möwen, Störche und Enten flattern vorüber. Menschen sehen aus den Fenstern, telefonieren auf dem Balkon oder winken von der Dachbrüstung. Unwillkürlich kneift man die Augen wie geblendet zusammen, weil die gemalten Schatten auf der Fassade von einer grellen Sonneneinstrahlung zeugen.

Und wenn man ein bisschen nachfragt, erfährt man: Die Fassadenmalerei in der Stendaler Straße war bloß das erste Bild eines riesengroßen Projekts. Ein Europaviertel mit Motiven aus 45 Ländern war ursprünglich auf den Wohnblöcken rund um Hellersdorf Mitte geplant. Die Künstlergruppe »Cité de la Création« hatte das Projekt ins Leben gerufen: Es wäre das größte Wandbild der Welt geworden. Auf rund 64.000 Quadratmeter Fläche sollte die Illusion europäischer Altbaufassaden entstehen. Doch der Investor ist pleitegegangen, und so wurde nur das deutsche Haus fertig. Und dieses zeigt allen, die nicht hier wohnen: Platte ist eben nicht gleich Platte!

Adresse Stendaler Straße 30–42, 12627 Berlin-Hellersdorf | **ÖPNV** U 5, Haltestelle Hellersdorf; Tram M 6, 18, Haltestelle Stendaler Straße/Quedlinburger Straße; Bus X 54, 195, Haltestelle Stendaler Straße/Quedlinburger Straße | **Tipp** Stadtflucht: Die Stadtgrenze ist hier nicht weit. Zuerst kommt der Beerenpfuhl, dann der Fischteich und dann nur noch Felder, Wiesen und Wälder.

42 Die grünen Dächer

Nachmachen erwünscht

Es geht auf Trampelpfaden durch kniehohe Gräser und blühende Blumen, die sich im Wind hin und her wiegen. Bienen summen in der Luft, und alles scheint rundum idyllisch. Mit einer Besonderheit: Es ist eine Idylle auf Teerpappe und Stein. Denn die wilden Wiesen wachsen hier auf den Dächern.

Die Idee dazu entstand aus der Not heraus. Nachdem einige Menschen 1979 das Gelände des geschlossenen UFA-Kopierwerks in Tempelhof besetzt hatten, überlegten sie, wie sie die kaputten Flachdächer der Gebäude reparieren könnten. Geld für neue Dächer hatten sie nicht. Also wurde im Plenum beschlossen, bei einem Hinterhofbegrünungs-Programm des West-Berliner Senats mitzumachen, das auch Zuschüsse für Dachbegrünung bewilligte.

Und dann ging es los: Sie klebten die undichte Teerpappe zu, bauten darauf eine Holzbalkenkonstruktion, legten eine Wurzelschutzfolie darüber und schaufelten schließlich die Erde aufs Dach und streuten Samen aus. Seitdem blüht es hier jedes Jahr aufs Neue.

Das Besondere an Gründächern wird einem sofort klar, wenn man an einem warmen Sommertag auf einem Flachdach mit Teerpappe steht. Und um das zeigen zu können, liegt inmitten der UFA-Wiesen ein kleines Viereck aus grauer Dachpappe. Es ist heiß. Beinahe unerträglich. Die Teerpappe heizt sich auf und gibt die Wärme an die Luft ab. Die Wiesen auf den Dächern drum herum hingegen kühlen die Luft ab und säubern sie sogar noch zusätzlich.

Man blickt sich um und sieht Hochhäuser, Industriebauten – alles Flachdächer. Und man fragt sich, warum die nicht auch alle begrünt sind. Das wäre schließlich auch keine neue Erfindung. Im alten Berlin waren beinahe alle Dächer grün. Nur der Grund war damals ein anderer: Um zu verhindern, dass bei einer Explosion das Feuer auf andere Häuser überspringt, waren die Dächer mit Bauschutt und Erde bedeckt – und wurden nebenbei ganz von selbst zu grünen Wiesen.

Adresse Viktoriastraße 10–18, 12105 Berlin-Tempelhof | **ÖPNV** U 6, Haltestelle Ullsteinstraße; Bus 170, 246, Haltestelle Attilaplatz | **Tipp** Vollwertig: Die Bäckerei der UFA-Fabrik ist eine der ältesten Vollkornbäckereien in Berlin. Spezielle Brote sind zum Beispiel das Hokkaido-, Energy- und das Weizenfrühstücksbrot.

43 Die hängenden Gärten

Die frischesten Pilze in der Stadt

Im Keller: Hinter dem ersten schwarzen Vorhang ist alles in Rotlicht getaucht. Von der Decke hängen Beutel mit Kaffeesatz, es ist warm. Das hier ist die Kinderstube, wird einem im Flüsterton erklärt.

Das, was hier passiert, geschieht normalerweise unter der Erde, nämlich die Befruchtung. Hinter dem zweiten schwarzen Vorhang strahlt grelles Licht aus Neonröhren. Die Beutel hängen hier Reihe hinter Reihe, sodass das Ende des Raumes nicht auszumachen ist. Außerdem vernebelt feiner Sprühregen den Blick. Man wandert durch die Gänge an den Beuteln entlang und wird Zeuge eines unglaublichen Ausschlagens: Pilze quillen, wuchern und sprießen aus dem Kaffeesatz in allen Formen und Farben. Da gibt es den Austernpilz, den quietschgelben Limonenseitling, den Rosa- und den Kräuterseitling. Man wird beinahe selbst ein bisschen euphorisch, dass es funktioniert – so als sei man selber nach jahrelanger Forschungsarbeit im Labor zu einem Ergebnis gekommen.

Aber die Idee, Pilze auf organischem Abfall zu züchten, ist nicht hier in den Kellern in der Bülowstraße entstanden. Chido Govera hat in Simbabwe in der Regenzeit Pilze gesammelt und begonnen, sie auf dem Kompost weiter zu ziehen. So hat sie es geschafft, ihre Familie durchzubringen. Heute lehrt sie weltweit arme Menschen, wie sie ihre Abfälle wiederverwerten und für die Pilzgewinnung nutzen können. Vor allem Kaffeesatz hat sich als sehr nahrhafter Abfall erwiesen.

Chidos Pilze in Berlin bekommen diesen von den einschlägigen Cafés der Stadt: vom Café Einstein bis zum taz-Café. Die Kunden, die dann die Seitlinge einkaufen, sind die großen Berliner Restaurants. Die Pilze haben zwar ihren Preis, aber dafür sind sie auch die frischesten in der ganzen Stadt. Für nicht viel Geld kann man sich auch einen kleinen Pilz-Garten im Karton mit nach Hause nehmen und bis zu dreimal ernten.

Adresse Bülowstraße 56, 10783 Berlin-Schöneberg | Öffnungszeiten Besichtigung nach Vereinbarung, Tel. 030/609881050 oder info@chidos.org | ÖPNV S 1, S 2, S 25, Haltestelle Yorckstraße; U 2, Haltestelle Bülowstraße, U 7, Haltestelle Yorckstraße; Bus M 19, Haltestelle Yorckstraße | Tipp Wärme tanken: Das Sultan Hamam gegenüber hat von Dienstag bis Samstag für Damen, am Montag für Herren und am Sonntag für Familien geöffnet.

44 Das Haus, in dem die U-Bahn verschwindet

Immer der Nase nach

Gleichmäßig und vertraut rattern die orangen Wagons hoch über dem Kopf über die schwere Stahlgerüst-Brücke hinweg. Dann, ganz plötzlich, verschwindet die U-Bahn in einem Betonschlauch, und ihr Rattern wird von einem Moment auf den anderen verschluckt – und zwar von einem fünfstöckigen dunkelroten Altbau. Irgendwo hinter dem Gebäude taucht sie dann endgültig in den Untergrund ab. Das Ganze sieht ein bisschen nach einem Comic-Bild aus, wo die Helden einfach durch Häuser hindurchbrettern und, ein bisschen zerknittert und mit Sternchen um die Köpfe, aber unversehrt, auf der anderen Seite wieder herauskommen und im Haus hinter sich ein Loch zurücklassen.

Ein derartiger Anblick in der echten Welt ist äußerst skurril, vor allem, da neben dem roten Haus eine freie Schneise in U-Bahn-Fahrtrichtung verläuft.

Dem Haus und den Bewohnern scheint die U-Bahn nicht viel auszumachen. Das kleine Fenster in der Seitenwand, das direkt neben den Gleisen liegen muss, ist mit Spitzenvorhängen, Kuscheltier und Mini-Deutschlandfahne dekoriert. Die breiten Fenster an der Vorderseite wurden zu schmalen Sehschlitzen links vom U-Bahn-Tunnel, der fast das ganze Haus ausfüllt. Nur die Wohnungen im vierten und fünften Stock haben wieder freie Sicht. Man fragt sich unweigerlich, was das für ein Gefühl ist, wenn die U-Bahn unter einem hindurchbraust. Wackelt dann alle zwei Minuten der Boden, und die Teller im Geschirrschrank klappern?

Fest steht, dass sich die Dennewitzstraße, einstmals schmuddeliger Hinterhof der auch nicht gerade piekfeinen Kurfürstenstraße, gerade zu einer angesagten Gegend mausert. Große Wohnprojekte schießen in die Höhe, und die letzten Schuppen am Straßenrand werden wohl bald der neuen Wohnlage am Park weichen müssen.

Adresse Dennewitzstraße 2, 10785 Berlin-Tiergarten | **ÖPNV** U 1, Haltestelle Gleisdreieck | **Tipp** Das neue Grün: Im Park am Gleisdreieck gibt es Spielplätze, alte Gleise, wuchernde Wäldchen, vor allem aber eins: viel freie Fläche inmitten der Stadt.

45 Haus Zenner

Komm tanzen!

Jeder Platz an den Biertischen unter den großen Sonnenschirmen ist besetzt, die Blickrichtung ist vorgegeben. Alle gucken zu dem halbrunden Platz am Rande des Biergartens: Die Tanzfläche ist voll. »So ein schöner Tag – lalalala!« Nicht nur die, die tanzen, singen mit.

Jeden Sonntag ist auf der Terrasse von Haus Zenner am Treptower Park Schwoof. Und, ob man Schlager mag oder nicht, die gute Laune ist ansteckend. »Du hast dich in mein Herz gelacht und hast es angemacht.« Von Badelatschen bis Tanzsandalen mit Gold-Riemchen – auf der Zenner'schen Tanzfläche mischt sich alles ganz selbstverständlich. Alle vereint die Musik und das Tanzen unter dem freien Himmel. Die Handtaschen haben sie einfach über den Jägerzaun neben der Bühne gehängt. Das war vor 50 Jahren wahrscheinlich auch schon so. Denn sonntags zum »Zenner« zu gehen, das hat Tradition.

Und heute ist hier, gegenüber der »Insel der Jugend« direkt an der Spree, einer der wenigen Orte in Berlin, wo man tanzen kann, egal wie alt man ist. In dieser Stadt, wo Ausgehen und Nachtleben vollkommen auf Jugend gepolt sind, findet man kaum einen Ort, der so ungezwungen und offen alle Generationen einlädt. Und noch dazu nachmittags, mit Blick auf das Wasser. Das bedeutet auch, dass hier mal die Großmutter mit dem Enkel tanzen kann, während die Tante von dem Herrn am Nachbartisch aufgefordert wird.

»In Rixdorf ist Musike« heißt das nächste Lied, und diesen Berliner Klassiker singen bis zum letzten Tisch alle mit. Zwischendurch sorgt der DJ dafür, dass die gute Stimmung nicht abbricht: »Herzlich willkommen an alle, die gerade erst zugeschaltet haben im Zenner-Schlagerexpress, euer DJ ist noch bis 18 Uhr am Schnippidi-Start!« Dann erklingen die ersten Takte vom nächsten Lied – und überall im Biergarten stehen Menschen auf und eilen auf das Tanz-Plateau zu. Es muss ein Hit sein.

Adresse Alt-Treptow 14–17, 12435 Berlin-Treptow | **Öffnungszeiten** Tanz immer Sa und So ab 15 Uhr im Biergarten | **ÖPNV** S 8, S 9, S 85, Haltestelle Plänterwald (circa 1 Kilometer Fußweg); Bus 166, 167, 265, Haltestelle Alt-Treptow | **Tipp** Treten oder rudern: Gleich nebenan an der Abteibrücke kann man Boote stundenweise oder für den ganzen Tag mieten (www.rent-a-boat-berlin.com).

46 Die Hofschmiede

Von der Liebe zum Metall

Es ist dunkel und sehr heiß. Die Kohlen in der offenen Feuerstelle geben ihre Wärme ab, immer wieder wirbeln Funken durch die Luft. Der metallische Klang, wenn der Hammer auf den rot glühenden Stahl trifft, liegt nur sehr knapp unter der Schmerzgrenze. Die unzähligen Hämmer und Zangen an der Wand, das Feuer, der glühende Stahl – die Schmiede in der griechischen Unterwelt, in der Gott Hephaistos die Schwerter für die Götter fertigte, kann nicht viel anders ausgesehen haben. Hephaistos war der einzige Handwerker unter allen griechischen Göttern auf dem Olymp. Vielleicht auch deshalb, weil sein Können ihm eine viel größere Kunstfertigkeit abverlangte als das bloße Hammerschwingen über dem Amboss.

Torsten Theel würde das sofort unterschreiben. Wenn der Schmied der Dahlemer Hofschmiede von der Metallgestaltung erzählt, dann fallen Worte wie Fingerspitzengefühl, Vielfalt, Entfaltung, Glück. Er zeigt verschnörkelte Jugendstil-Blüten, die er fast behutsam in den Händen hält, und Bilder von der nachgefertigten Sonnenlaube im Park von Sanssouci.

Theel macht keine halben Sachen. So kann es auch mal sein, dass laute Klassikmusik aus dem großen Tor auf den Hof hinausschallt – damit sich der Meister und seine Gesellen besser in die Zeit einer historischen Arbeit einfinden können.

Das wichtigste Ziel von Theel ist, dem Handwerk zu einem besseren Ruf, zu mehr Aufmerksamkeit zu verhelfen. Denn die meisten Menschen begnügen sich mit Massenware. Dabei ist es oft gar nicht so viel teurer, seine eigenen Ideen umzusetzen, zum Beispiel einen Zaun zu entwerfen, der zu einem bestimmten Haus passt. Das sind die Aufgaben, die Torsten Theel liebt. Und dann ist er von der allerersten Skizze bis zur Aufstellung des Zauns mit dabei. Ungefährlich ist seine Leidenschaft nicht, einmal verlor er um Haaresbreite ein Auge. Und ja: Man verbrennt sich bei der Arbeit in der Schmiede regelmäßig.

Adresse Domäne Dahlem, Königin-Luise-Straße 49, 14195 Berlin-Zehlendorf | Öffnungszeiten Mo–Do 8–17 Uhr, Fr 8–14 Uhr | ÖPNV U 3, Haltestelle Domäne Dahlem; Bus M 11, X 83, 110, Haltestelle Domäne Dahlem | Tipp Land erleben: Marktfeste, Felder, Imkerei, Kochkurse – Auf der Domäne Dahlem kann man dabei zusehen, wie die Lebensmittel vom Acker auf den Teller kommen!

47__Das Holländerviertel

Ein Vorbild für das Mehrgenerationenwohnen

Wer einen Durchschlupf von der Straße findet, betritt eine eigene Welt. Zugegeben, es ist eine kleine und ruhige Welt, keine aufregende und laute. Die klinkerroten Treppengiebel der Häuser lassen die Großstadt draußen vergessen, und in dem lauschigen Park im Innenhof unter Birken und zwischen Hecken ist man für sich.

Und ziemlich bald entdeckt man dann auch das Besondere an diesem Quartier: Hier wohnen Menschen in den unterschiedlichsten Lebensphasen zusammen. Die Balkone verraten es. Es gibt kunstvoll ausgeschmückte Exemplare mit Themen- und gleich daneben den klassischen Geranien-Bewuchs. Andere Balkone wiederum sind erweiterte Wohnräume mit Bücherregalen an den Wänden und Deckenlampen, wieder andere werden allein zum Trocknen von Baby-Stramplern benutzt. Und weiter drüben steht ein Gartenzwerg im Blumenkasten.

Die eigenwillig geschmückten Balkone sind die bunten Tupfer in der ansonsten einheitlichen Fassade. Sie zeigen, wie ein gemeinsames Wohnen von Alt und Jung nebeneinander und miteinander aussehen kann. Das kommt nicht von ungefähr. Die Architekten Carl James Bühring und Joseph Tiedemann, die in den 20er Jahren die Wohnanlagen rund um den Kreuzpfuhl planten und umsetzten, müssen so etwas im Sinn gehabt haben. Sie bauten das Munizipalviertel rund um den Teich: eine große Schule, ein Krankenhaus und einen Gemeindesaal, das heutige Standesamt. Auf der anderen Seite schließt sich der Friedhof an. Alles rote Klinkerfassaden, klare Formen mit vielen hübschen Details und alles in Fußnähe. Und es bleibt durch und durch malerisch. Keine grellen Einkaufspassagen stören das Bild, die Gegend rund um den kleinen Park ist allein dem Wohnen und Leben vorbehalten. Egal, in welchem Alter. Ein Konzept, das heute in der Stadtplanung wieder vermehrt aufgegriffen wird. Das Holländerviertel in Weißensee zeigt, dass es funktioniert.

Adresse Woelckpromenade, 13086 Berlin-Weißensee | **ÖPNV** Tram M 4, M 13, 12, Haltestelle Albertinenstraße; Bus 158, 255, Haltestelle Woelckpromenade | **Tipp** Gutes Versteck: Am Kreuzpfuhl steht eine uralte Weide am Ufer. Auf ihrem Stamm kann man bequem sitzen und sogar liegen.

48 Der Judengang

Halb privater Grünraum

Wenn König Friedrich Willhelm III. zu seinem Lustschloss Schönhausen reiste, dann soll es vorgekommen sein, dass er in seiner königlichen Kutsche vor dem Jüdischen Friedhof einem Leichenzug begegnete. Das verdarb dem König jedes Mal dermaßen die Ausflugslaune, dass er veranlasst haben soll, einen Hintereingang zum Friedhof zu bauen – von da an durften die Begräbniszüge nur noch über einen Sandweg zu diesem versteckt gelegenen Osttor ziehen.

Heute verläuft der Feldweg an gleicher Stelle hinter dem Friedhof. Zwei kleine Guckfenster in Form von Davidsternen sind auf beiden Seiten in die verschlossenen Tore eingelassen. Es ist ein überaus idyllischer Ausblick, der einem hier mitten in der Stadt geboten wird. Wilde Gräser und Blumen wachsen entlang der hohen Steinmauer, die von den uralten Bäumen des Friedhofs umrahmt wird. Weiter hinten steht ein kleiner Gartentisch mit Stühlen unter einem Fliederbusch.

Der sieben Meter breite Streifen wurde ab 1945 nach und nach von den Anwohnern eingenommen – Sandkästen wurden gebaut, Beete angelegt. Nichts erinnerte mehr an den alten Korridor. 2003 sollte der Judengang wiederhergestellt werden, und die Anwohner mussten auf ihre Gärten verzichten. Aber gegen einen öffentlichen Durchgang zwischen Senefelderplatz und Kollwitzplatz setzten sie sich zur Wehr. Man einigte sich schließlich darauf, dass der Gang ein »halb privater Grünraum« werden sollte: halb für das Heute und halb für die Vergangenheit.

Um den Hintereingang des Friedhofes zu sehen, muss man auf die andere Seite der Mauer. Und das lohnt sich: Kathedralengleich wachsen die Bäume auf dem Jüdischen Friedhof in die Höhe, Efeu umrankt die alten Steine. An der Hintermauer führt ein Weg entlang, immer parallel zum Judengang. Hier kann man die Strecke dann doch noch einmal abgehen und entdeckt auch das kleine versteckte Osttor.

Adresse Senefelderplatz/Kollwitzplatz, 10405 Berlin-Prenzlauer Berg | **ÖPNV** U 2, Haltestelle Senefelderplatz | **Tipp** Lapidarium: Hier in der Schönhauser Allee 23–25, 10435 Berlin, erzählen die uralten Grabsteine des Jüdischen Friedhofs in Berlin ihre Geschichten.

49 Die Jurte

Kommt zusammen!

Umgeben von Zehngeschossern wirkt sie ein bisschen verloren, wie sie da mit ihrem aus alten Segeln zusammengeflickten Zelt zwischen Bäumen und Beeten steht. Aber gleichzeitig eben auch standfest und unerschrocken. Alles ist möglich, scheint sie zu sagen, die weite Welt beginnt hier vor der Tür, packt es an!

Die Jurte ist der Hingucker im Kiezgarten in Hohenschönhausen. Den gibt es hier noch nicht lange, seit Herbst 2011. Vorher lag die große Fläche zwischen den Hochhäusern acht Jahre lang brach. Dann hat eine Nachbarschaftsinitiative begonnen, den Boden umzugraben und erste Beete anzulegen. Inzwischen sind es schon mehrere Familien aus der Umgebung, die hier zusammen pflanzen, jäten und ernten. Und sich treffen.

»Interkultureller Garten Hohenschönhausen« heißt das Projekt. Und interkulturell hat in Hohenschönhausen eine andere Bedeutung als in Kreuzberg oder Neukölln: Verschiedene Nationalitäten gibt es hier kaum, aber es gibt Menschen, die keinen Anschluss mehr haben. Der Garten ist ein Ort, der die jungen und die alten Nachbarn, die linken und die rechten, die angestellten und die arbeitslosen zusammenbringen kann. Solche Orte braucht jedes Viertel in einer Großstadt.

Und die Jurte ist der Unterschlupf. Hier werden die Mitgliederversammlungen abgehalten – und hier in dem geräumigen Inneren am prasselnden Feuer gab es schon den ein oder anderen Geschichten-Abend für die Kinder aus der Nachbarschaft. Und das spricht sich natürlich rum. Die Jurte kennt inzwischen jeder. Und den Hauch von Tom Sawyer und Huckleberry Finn gleich vor dem Haus möchten die meisten wohl auch nicht mehr missen.

»Das Beste ist«, sagt eine Nachbarin und guckt kurz vom Umgraben des neuen Beetes hoch, »man kann sehen, wie es wächst.« Und wie sie das sagt, klingt es so, als meine sie damit nicht nur die Erdbeeren, Salate und Sonnenblumen in der Erde.

Adresse Wiecker Straße 8–10, 13051 Berlin-Hohenschönhausen | **ÖPNV** S 75, Haltestelle Wartenberg (circa 1 Kilometer Fußweg); Tram M 4, M 5, Haltestelle Zingster Straße/Ribnitzer Straße; Bus X 54, 154, Haltestelle Darßer Straße/Ribnitzer Straße | **Tipp** Das Vorbild: Im Interkulturellen Garten in Lichtenberg ackern die Anwohner schon seit 2006. Sogar zwei Bienenvölker leben inzwischen hier in der Liebenwalder Straße 12–18, 13055 Berlin.

50 Der JVA-Shop

Die gute Tat zum kleinen Preis

Hinter dem roten Backsteinhaus geht es nicht weiter, die Gefängnismauer versperrt den Durchgang. Laufkundschaft kommt hier bestimmt nicht vorbei. Und dennoch ist es rappelvoll im Erdgeschoss. Es wird schnell klar: Der Laden ist ein Geheimtipp. Denn alles, was man hier in den Regalen und an den Wänden sieht, ist handgemacht, und zwar gleich nebenan in den Werkstätten hinter der hohen Mauer. Es gibt gezimmerte Vogelhäuschen und einen Udo-Lindenberg-Spiegel. Es gibt Leder-Hausschuhe und Kochschürzen. Die Kleidungsstücke tragen ein eigenes Label. An der Brusttasche der Jeansjacken, dort, wo sonst die Marken ihr Emblem anbringen, steht »by JVA Tegel«. Und die Blanko-Bücher sind nicht nur in allen leuchtenden Farben gebunden, sondern auch im blau-weiß gestreiften Stoff der Gefängnishemden.

Man merkt, auch über das Marketing macht man sich in den Werkstätten Gedanken. Und das nicht ohne Humor. Aber das Beste ist: Man kann auch mit seinen eigenen Ideen kommen. So wie eine Kundin, die für ihre alten Küchenschubladen einen Kubus zimmern lassen möchte. Die Schubladen lässt sie da. Sie hat schon oft Sachen bauen lassen im Gefängnis. Zufrieden war sie immer – außerdem ist es billiger.

Die Produkte im JVA-Shop sind wirklich viel günstiger, als man es gewöhnt ist. Das liegt daran, dass die Häftlinge eben nicht ausgebildet sind und die Arbeiten auch schon mal kleine Fehler aufweisen – und meistens dauert ein Auftrag auch länger als geplant.

Aber ob man einen Sessel in die Polsterei bringt, einen Bilderrahmen im Shop kauft oder seine Schuhe zum Flicken dalässt – man spart nicht nur, sondern hilft auch den Gefangenen. Denn diese bekommen für ihre Arbeit in der Werkstatt einen festgelegten Lohn, den sie ansparen können – und der ihnen den Neuanfang nach ihrer Haftstrafe leichter macht. Und nebenbei erlernen sie einen neuen Beruf.

Adresse Seidelstraße 41, 13507 Berlin-Reinickendorf | Öffnungszeiten Mo 13–16, Do 10–19, Fr 9–12 Uhr und nach Vereinbarung, Tel. 030/901471350 | ÖPNV U 6, Haltestelle Holzhauser Straße | Tipp I LOVE TXL: Er hat viele Fans und nicht nur in Berlin: Der wabenförmige Flughafen aus den 70er Jahren, der nun vielleicht doch noch für eine Weile bleibt.

51 Der Kaisersteg

Überbleibsel einer großen Sinfonie

Wenn man über die Fußgängerbrücke nach Oberschöneweide kommt, dann liegen sie vor einem wie aus einem Bauklotz-Kasten am Ufer aufgereiht: große Backsteinbauten mit Türmen und Türmchen, riesige Hallen mit kathedralengleichen Fenstern und zwischen ihnen die vielen großen und kleinen Schornsteine.

Der Anblick erinnert an die Anfangsbilder im Film »Die Sinfonie der Großstadt« aus dem Jahr 1927: Die Straßen Berlins sind menschenleer, es ist früh morgens, die Stadt schläft noch. Doch dann, nach und nach, erwacht das Leben, die Musik und die Sequenzen werden schneller, die ersten Arbeiter kommen aus den Häusern und laufen zielstrebig und mit schnellen Schritten alle in dieselbe Richtung.

Genauso wie in Walther Ruttmanns Dokumentarfilm müssen damals auch hier vor Schichtwechsel die Menschen in Anzug und mit Hut in Scharen über den Kaisersteg gelaufen sein, dorthin, wo AEG, Elektrizitätswerk, Kabelwerk und die Deutsche Niles Werke AG den neuen Industriekern von Berlin errichtet hatten. Die Zeit bestimmte den Rhythmus, die Maschinen lenkten die Abläufe.

Heute hingegen liegt alles wie schlafend. Eine Sinfonie der Großstadt erklingt noch immer – aber nicht hier. Das Stampfen der Maschinen und die großen Zeiger der Fabrikuhr sind es schon lange nicht mehr, die den Takt angeben, das wird schnell klar. Aber wer hier in Oberschöneweide ein bisschen verweilt und sich auf den alten Werkshöfen umsieht, der entdeckt viele schmuckvolle Details – etwas, das den modernen Fabrikhallen vollkommen fehlt.

Und man sieht, dass die alte Werk-Meile an einigen Stellen wieder zu neuem Leben erwacht. Es ist keine leichte Aufgabe, neue Nutzungskonzepte für die riesigen leeren Hallen und eingerosteten Anlagen zu finden, aber der Campus der Hochschule für Technik und Wirtschaft zeigt, dass es nicht unmöglich ist und dass das Alte das Neue stützen und formen kann.

Adresse Kaisersteg, 12459 Berlin-Köpenick | **ÖPNV** S 8, S 9, S 45, S 46, S 47, S 85, Haltestelle Schöneweide; Tram M 11, M 17, 21, 37, 67, Haltestelle S-Bahn Schöneweide; Bus X 11, 163, 166, 265, Haltestelle S-Bahn Schöneweide (500 Meter Fußweg) | **Tipp** Ufer-Terrasse: In den Strandkörben der Mensa der Hochschule für Technik und Wirtschaft in der Treskowallee 8 fühlt man sich ein bisschen wie im Urlaub.

52 Das Kaninchenfeld

Das verlorene Paradies

Eine Tankstelle, ein Bauzaun und weiter vorne der mächtige Neubau des Bundesnachrichtendienstes. Viel mehr gibt es hier nicht zu sehen. Aber dann, dann entdeckt man doch noch etwas in der Chausseestraße: ein Kaninchen.

Und da, ein paar Meter weiter, noch eins. Und weiter drüben am Bauzaun ein springendes! Und schon ist er geweckt, der uralte Jagdinstinkt. Man findet viele der Tiere auf dem Bürgersteig verteilt, hebt dann den Blick – und tatsächlich: Mitten auf der Straße ist auch eins, ein ganz neues aus gold glänzendem Messing. Man versucht sie zu zählen, ist aber so damit beschäftigt, beim Überqueren der Straße gleichzeitig die Kaninchen zu entdecken und nicht überfahren zu werden, dass man dieses Vorhaben schnell aufgibt.

Das Kaninchenfeld ist ein Kunstprojekt von Karla Sachse. Die Kaninchen waren hier einmal die Einzigen. Damals, als die Mauer noch stand, gruben sie hier ihre Gänge unbeirrt von West nach Ost und hoppelten vollkommen unbekümmert über das Grenzgebiet. Sie wurden mehr und mehr, bis sie irgendwann den gesamten 120 Kilometer langen Wiesenstreifen besiedelten, der einmal quer durch die Stadt verlief. Hier waren sie sicher. Denn auf Kaninchen durfte nicht geschossen werden. Also wurden die Hoppler von beiden Seiten der Grenze durch die Fernrohre beobachtet – und wahrscheinlich nicht selten um ihre Freiheit beneidet.

Als die Mauer fiel, mussten sich die Kaninchen ein neues Quartier suchen. Sie hatten ihre Scheu in der Sicherheit des Mauerstreifens verloren und lernten erst langsam wieder, sich zu verstecken und vor allem: sich in einer Großstadt zurechtzufinden. Und wenn sie auch inzwischen schon viele Plätze in der Stadt erobert haben, ihre Gänge und Höhlen in Parks, auf Friedhöfen und Verkehrsinseln graben – so ein Paradies wie den Todesstreifen finden Berlins Kaninchen sicherlich nie wieder – aber vielleicht erzählen sie noch heute ihren Kindern und Enkeln von den sorgenfreien Zeiten, als die Mauer noch stand.

Adresse Chausseestraße 93, 10115 Berlin-Mitte/Wedding | ÖPNV U 6, Haltestelle Schwartzkopffstraße; Tram M 6, Haltestelle U-Bahn Schwartzkopffstraße | Tipp Auf der Mauer: Im Park am Nordbahnhof kann man dem gepflasterten Mauerstreifen durch ein Birkenwäldchen folgen. Der Eingang ist in der Gartenstraße.

53 Die Kant-Garagen

Denkmalwürdige Kurven

Das Rauschen der S-Bahn irgendwo hinter den undurchsichtigen Scheiben kommt näher und wird dann wieder leiser, bis es schließlich irgendwann ganz von der Stille verschluckt wird. Die massiven Rampen aus grauem Eisenbeton, die milchigen Drahtglasfenster und eben die Stille hier im Innern der sechsgeschossigen Hochgarage sind die perfekte Kulisse für einen Endzeitfilm. Guckt man durch die Spalten und Schlitze der alten eisernen Schiebetüren vor den Garagen, fällt der Blick auf vollkommen eingestaubte Autos. Sie sehen so aus, als ob sie hier einfach vergessen wurden.

Auf der etwas welligen Fahrbahn nach oben liegen hin und wieder Steinhäufchen, die aus der Decke gerieselt sind, die zahllosen feinen Sprünge in den Fensterscheiben sind mit Heftstreifen verklebt, die meisten Garagentore auf den Zwischenebenen zugesperrt. Es ist nicht zu übersehen: Eine der allerersten Hochgaragen überhaupt – mit doppelter Wendelrampe – versucht dem unerbittlich nagenden Zahn der Zeit standzuhalten. Und da der Beton massiv ist, gelingt ihr dies recht gut.

Es galt damals als revolutionär, was 1930 von insgesamt fünf Architekten ausgedacht und hier fertiggestellt wurde, diese beiden entgegengesetzten Rampen, die sich schmal bis zum Obergeschoss hinauf und hinab wendeln. Und es gab noch einen Grund, warum die Hochgarage so gut ankam: Autos wurden schon bald immer populärer und Garagenplätze dringend gebraucht.

Die zu ihrer Zeit modernste europäische Großgarage steht heute unter Denkmalschutz. Außer der kleinen Tankstelle ganz unten können nur die Anwohner die Geschosse wirklich nutzen. Aber geht man die kleine Seitentür hinaus zur Außentreppe C und steigt diese hinauf bis zum letzten Treppenabsatz – dann sitzt man ganz oben wie auf einem verborgenen Balkon und kann den Blick auf die S-Bahn-Schienen und die Ruhe hinter den Häusern an der Kantstraße genießen.

Adresse Kantstraße 126/127, 10625 Berlin-Charlottenburg | ÖPNV S5, S7, S75, Haltestelle Charlottenburg; U7, Haltestelle Wilmersdorfer Straße; Bus M49, X34, 101, Haltestelle Kantstraße/Leibnizstraße | Tipp Berlins einzige Fußgängerzone: Die Wilmersdorfer Straße war der Versuch, in den 70er Jahren in West-Berlin eine Einkaufspromenade zu etablieren. Ein garantiert ungewohntes Berlin-Bild.

54__Die Kiesgrube

Naherholung leicht gemacht

Eine genaue Adresse gibt es nicht für diesen Ort. Er liegt mitten im Grunewald. Deshalb ist es wohl auch sinnvoll, hier mit einer Wegbeschreibung zu beginnen. Steht man am Teufelssee oberhalb der Liegewiese und guckt in den Wald hinein, dann lässt sich schon ganz gut erkennen, wo die große Kuhle liegt. Es schimmert nämlich über ihr hell, dort, wo die Bäume im Wald eine Lücke lassen. Der direkteste Weg ist es nun, auf den Himmel-Fleck zwischen den Baumkronen zuzugehen. Es ist gar nicht so schwer – und es lohnt sich, einmal vom Weg abzugehen.

Man läuft über den weichen Boden, taucht unter Ästen hindurch und genießt für einen Augenblick die Vorstellung, dass man sich hier jetzt auch verlaufen könnte. Denn der Grunewald ist groß. Er musste schließlich Natur bieten für alle eingeschlossenen West-Berliner, die nicht mal eben aufs Land fahren konnten. Es gibt wohl in keiner anderen Stadt eine so ausgeprägte Naherholungs-Tradition wie in Berlin.

Schon bald ist die Kiesgrube erreicht, die offiziell Sandgrube heißt, was eigentlich auch viel besser passt. Denn wenn man den breiten Weg abwärtsläuft, dann leuchtet einem als Erstes der gelbe Sand entgegen: Ein sanfter Hügel erhebt sich wie eine Insel im Meer, nur dass diese unterhalb des Waldbodenniveaus liegt. Und oben am Grubenrand stehen die Kiefern stramm nebeneinander aufgereiht. Es sind die beiden Ur-Elemente dieser Region, Sand und Kiefer, die hier ein wunderschönes Bild ergeben, beinahe wie inszeniert.

Vom Gipfel des Inselberges überblickt man die ganze Kiesgrube mit ihrem Weiher und den vielen verschiedenen Grüntönen ringsherum – nur: Alleine ist man hier so gut wie nie. Aber auch das gehört zum Berliner Naherholungserlebnis dazu. Und die Kinder machen vor, wie es geht: Sie rollen, kugeln, rennen und purzeln die Sandhänge hinab. Immer wieder. Ein Hoch auf diese Form der kurzen Atempause von der Stadt!

Adresse Teufelsseechaussee 22–24, 14193 Berlin-Charlottenburg | ÖPNV S 7, Haltestelle Grunewald; Bus 349, Haltestelle S-Bahn Grunewald (1,5 Kilometer Waldspaziergang) | Tipp Natur und Technik: Im Ökowerk Teufelssee, Teufelsseechaussee 22–24, kann man Blumen und Bienen bewundern und die Maschinen des früheren Wasserwerkes ansehen.

55_Der Kletterbaum

Gibt dir das Leben einen Puff …

Es ist nicht immer einfach. Und man merkt auch schnell, dass man nicht so richtig dafür gemacht ist. Ächzend schiebt man seinen Rücken einen Ast höher und ruht sich dort erst mal keuchend aus, sobald man sich nicht mehr in diesem schwebenden Zustand befindet, in welchem der Körper allein von der eigenen Kraft gehalten wird. Doch schon nach der zweiten Astgabel wird einem klar, wie gut es tut, hier oben zu sitzen. »… lach dir nen Ast und setz dich druff und baumle mit die Beene« sagt man ja nicht umsonst in Berlin, und zwar dann, wenn die Situation wirklich und eindeutig eine miserable ist.

Hier am Fennpfuhl gibt es eine große alte Silberpappel. Wenn man am Bootsverleih-Steg angekommen ist, entdeckt man sie schnell: Sie steht hinter der nächsten Weggabelung auf der Wiese. Die Silberpappel ist ein besonderer Kletterbaum: Es gibt zwar solche, die einfacher zu erklimmen sind – aber der silbrige Stamm ist besonders angenehm zum Barfuß-Klettern. Oben angekommen taucht man ein in das unaufhörliche Rascheln der Blätter. Es ist, als möchte der Baum einem aufgeregt etwas zuflüstern, und im nächsten Augenblick hört es sich wieder an wie ein beruhigendes, friedliches Säuseln.

Vom Ast aus gesehen erscheinen die Dinge tatsächlich anders, schließlich ist die Perspektive auch eine vollkommen andere. Das Hin- und Herschaukeln der zusammengebundenen Ruderboote auf der Teichmitte wirkt beinahe lebendig – wie ein einstudiertes Wasserballett. Das Wasser selbst erinnert mit seiner mattgrünen Farbe an ein riesiges Pinsel-Wasserglas, in dem schon alle möglichen Farben ausgewaschen wurden. Das Beine-Baumeln in luftiger Höhe, umgeben von raschelnden Silber-Blättern, ist nicht nur ungemein erfrischend, man kann sich von oben auch in Ruhe umgucken – und die Menschen, die auf der Wiese ihre Bewegungsübungen machen, bekommen gar nicht mit, dass sie beobachtet werden.

Adresse Fennpfuhl, 10369 Berlin-Lichtenberg | ÖPNV S 8, S 9, S 41, S 85, Haltestelle Storkower Straße (circa 1 Kilometer Fußweg); Tram M 13, 16, Haltestelle Roederplatz, Tram M 8, Haltestelle Anton-Saefkow-Platz | Tipp Über den Pfuhl: Mit dem gemieteten Ruderboot das Ufer von der Seemitte aus zu erkunden ist auch ein guter Perspektivwechsel.

56 Die Knabberfisch-Becken

Fußpflege mit Fischen

Tut es weh? – Das ist wohl die Frage, die in diesem Laden am häufigsten gestellt wird. Und um die Antwort gleich vorwegzunehmen: Es tut nicht weh, es kitzelt bloß.

Wem das zur Beruhigung reicht, der bekommt im »Fußfetifisch« ein Becken zugewiesen. Darin schwimmen im sprudelnden Wasser rund 60 kleine Fische umher. Nach dem Füße-Waschen streckt man vorsichtig die Zehen in das warme Wasser, und sofort kommt Bewegung unter den Tieren auf. Die Fische steuern augenblicklich die Füße an und beginnen, von allen Seiten an ihnen zu knabbern. Dafür nehmen sie durch kräftiges Ausholen mit der Schwanzspitze Schwung und stupsen die Stelle an, an der sie eine besonders köstliche Hautschuppe vermuten. Sehen kann man es zwar nicht genau, aber dann essen sie diese abgestorbenen Hautzellen – und liefern so ganz nebenbei eine ausgezeichnete Pediküre.

Für die Fische sind die Füße ein willkommener Snack für zwischendurch. Die Garra Rufas oder Saugbarben leben ursprünglich in den warmen Steinquellen in der Kangalregion der Türkei. In den Thermalgewässern herrschen Temperaturen von 28 bis 32 Grad Celsius. Pflanzen wachsen dort keine. Aber die Fische haben eine andere Proteinquelle für sich entdeckt: die Badegäste. Sie entsorgen deren abgestorbene Hautpartikel – und werden satt dabei. Eine Win-Win-Situation für alle Beteiligten.

Werbung muss der Laden im Prenzlauer Berg nicht machen. Beinahe jeder, der hier an dem großen Schaufenster vorbeikommt, hält inne beim Anblick der wuseligen Fische, die sich hier um die Füße der Gäste kümmern. Die Köpfe, die zu den Füßen gehören, erheben sich nur selten, eine Zeitung hat niemand aus dem Korb genommen – denn das Treiben rund um die eigenen Füße ganz unbeobachtet zu lassen, erscheint den meisten dann doch zu gewagt. Man bleibt darauf gefasst, die Füße schnell wieder rausziehen zu können. Zumindest beim ersten Mal noch.

Adresse Fußfetifisch, Danziger Straße 26, 10435 Berlin-Prenzlauer Berg | **Öffnungszeiten** Mo–Sa 12–20 Uhr ohne Anmeldung | **ÖPNV** U 2, Haltestelle Eberswalder Straße; Tram M 10, Haltestelle Husemannstraße | **Tipp** Fisch auf den Tisch: In der »Fischfabrik« nur zwei Häuser weiter gibt es besonders gute »Fish and Chips«.

57 Knopf Paul

Eine Schatzkammer

»Inzwischen habe ich Knöpfe wie Dagobert Duck Moneten«, stellt Knopf-Paul fest, der sich auch mit diesem Namen vorstellt. Und das zu Recht. Denn wenn einer sich mit Knöpfen auskennt, dann er. Seit 30 Jahren sammelt und tauscht er nun schon die runden Dinger. Bereits als Schuljunge hat sich Paul mit seiner stetig wachsenden Sammlung etwas dazuverdient.

Und jetzt? Jetzt ist er *der* Knopf-Paul von Berlin – und deshalb ist sein kleiner Laden auch voll. So voll, dass man gegeneinanderstößt beim Betrachten der vielen Knöpfe, die sich in Schubladen, Plastikröhrchen und Pappschachteln nach Material und Zeitalter sortiert bis unter die Decke stapeln. Die Folge: Wenn man nicht gerade zufällig genau weiß, was man sucht, ist man ganz schnell überfordert. Knebelknöpfe, Kugelknöpfe, Persenningknöpfe, Filigranknöpfe, Puppenknöpfe, Knöpfe aus Bast, aus Igelit, aus Steinnuss, Zink, Porzellan oder Kirschkern …

Auf einmal verschwimmt alles, der Boden beginnt zu schwanken. Da hört man eine sanfte, hilfsbereite Stimme: »Am besten, du fragst. Frag ruhig, es gibt noch viel mehr, als du hier sehen kannst.« Knopf-Paul guckt nur kurz hoch – er hat einen Blick für jeden Einzelnen in seinem Laden – dann zählt er weiter die Knöpfe in der Kokosnuss-Schale, die eine andere Kundin zusammengesammelt hat. Und für denjenigen, der den festen Boden unter den Füßen wieder zurückgewinnen muss, hat er noch einen Rat: »Wenn der Horizont zu nahe kommt, dann schließe die Augen.« Soll heißen: Auch dem passenden Knopf muss man sich Schritt für Schritt annähern.

Aber es gibt noch mehr Schätze als die mit den zwei bis vier Löchern. Die Manschettenknöpfe beispielsweise, die Paul aus alten Schreibmaschinen-Buchstaben bastelt – und von seiner neuesten Leidenschaft gibt es auch eine Kostprobe: sein eigenes Parfum. Der Name, der auf der kleinen flachen Flasche steht: Paul Bouton.

Adresse Zossener Straße 10, 10961 Berlin-Kreuzberg | **Öffnungszeiten** Di, Fr 9–18 Uhr, Mi, Do 14–18 Uhr | **ÖPNV** U7, Haltestelle Gneisenaustraße; Bus 140, 248, Haltestelle U-Bahn Gneisenaustraße | **Tipp** Nähen: Gleich nebenan im Manyfold, Zossener Straße 10, kann man nicht nur die Knöpfe gut anbringen, es gibt Bastel- und Nähkurse für Große und Kleine.

58 Die Konditorei Buchwald

Zu Gast beim König der Kuchen

Werbung hat er noch nie nötig gehabt. Schließlich hielten schon die Kutschen vom Hof einst hier vor der Moabiter Konditorei, um Baumkuchen für den Kaiser einzukaufen. Seitdem genießt der runde, geschichtete Kuchen aus der Buchwald'schen Backstube einen Ruf, der sich mit der besten Werbekampagne nicht aufbauen ließe.

Verändert hat sich seitdem – eigentlich nicht viel. Der gelbe Baumkuchen mit der mit Aprikosenmarmelade unterlegten Zuckerglasur aus dem Hause Buchwald wird seit über 150 Jahren nach dem gleichen Rezept hergestellt. Manche behaupten, es sei ein Tick Muskat, der dieses Gebäck so besonders mache. Aber genau wissen kann das niemand. Das Rezept ist nämlich geheim. Auch die Backstube mit den meterlangen Stangen, auf welche die Konditoren den Teig streichen, Schicht für Schicht, bleibt für die Gäste versperrt. Aber dem betörenden Duft, der durch die große Altbau-Flügeltür strömt und die beiden Café-Räume und den Verkaufsraum ausfüllt, dem kann sich wohl kaum einer entziehen.

Er ist zu einer weltweit bekannten Marke geworden. Japanische Touristen kommen während ihres Berlinbesuches in das Café am Spreeufer, um diese besondere Kuchen-Spezialität zu kosten. Vielleicht auch deswegen, weil das Drumherum stimmt. Die Spitzengardinen vor den Fenstern, der dunkle, knarrende Parkettboden. Das Café Buchwald ist altmodisch, ohne dass es aufgesetzt ist. Eine Berliner Stube wie aus alten Zeiten. Keine Hintergrundmusik, keine modernen Lampen oder neuen Sofas. Wer hierherkommt, kommt für den Kuchen oder für ein Stück von den vielen hauseigenen Torten.

Und wer vorne im Laden einen Baumkuchen zum Mitnehmen kauft, der bekommt ihn in eine rosafarbene Papiertüte eingepackt, zusammen mit einem runden Spitzenuntersetzer. Der Baumkuchen des ehemaligen kaiserlichen Hoflieferanten ist selbst seine beste Reklame. Und das ist auch heute noch so.

Adresse Bartningallee 29, 10557 Berlin-Tiergarten | **Öffnungszeiten** Mo–Sa 9–18 Uhr, So und Feiertage 10–18 Uhr | **ÖPNV** S5, S7, S75, Haltestelle Bellevue; U9, Haltestelle Hansaplatz; Bus 106, Haltestelle U-Bahn Hansaplatz | **Tipp** Ein Spaziergang: Am Spreeufer gibt es so manches zu entdecken – entweder Richtung Zentrum oder weiter durch Moabit dem gewundenen Lauf des Berliner Stroms folgen.

59_Das Krematorium

Erde, Wasser, Licht und Trost

Die Betonsäulen durchbrechen die Decke, Sonnenflecken tanzen über den Boden, und an den Seiten des Raumes strömt Licht durch Schlitze hinein in den hohen Quader. Ein beeindruckender Effekt: Es sieht aus, als würde die schwere Betondecke von innen heraus emporgehoben und über allem schweben.

Man wandelt zwischen den glatten Säulen wie durch einen Wald. Man befühlt ihre Oberfläche, legt den Kopf in den Nacken, wie um die ewige Weite des Himmels einzufangen. An den Seitenwänden sind Vertiefungen im Boden. Darin ist feiner Sand. Man kann nicht anders – und nimmt ihn in die Hand. Fein rieselt er durch die Finger hindurch. Das beruhigt. Genauso wie das Wasser in der Mitte des Raumes. Es ist einfach da, still und tröstlich. Wo Wasser ist, ist Leben nicht weit.

Ein moderner Bau, der sich in seiner Symbolik an ein sakrales Gebäude heranwagt, es aber nicht sein möchte – das hätte schiefgehen können. Aber das Kunststück ist den beiden Architekten Axel Schultes und Charlotte Frank gelungen. Die kleinen Räume für die Trauerfeiern, die man über die große Halle erreicht, stehen allen Konfessionen offen. Und die drei Elemente Erde, Wasser und Luft geben den Trauernden Halt, um gemeinsam dem Feuer – dem Element hier vor Ort – standhalten zu können. Und der Trauer. Es gibt keine Ablenkung, Architektur und Einrichtung konzentrieren sich auf das Wesentliche. Nicht das Himmlische nach dem Tod, sondern das Leben auf Erden, das Weiter-Leben. Und das hat schon viele überzeugt: Aus allen Teilen Deutschlands und sogar aus dem Ausland kamen bereits Angehörige und Freunde zum Krematorium nach Treptow.

Nebenan liegt der alte, über und über verwilderte Urnengarten des Friedhofs. Viele Steinurnen sind umgekippt, einige wurden während der DDR-Zeit aufgebrochen, die Marmorsäulen entwendet, aber der Efeu und die unzähligen Maiglöckchen bieten ihnen Schutz.

Adresse Kiefholzstraße 221, 12437 Berlin-Treptow | **Öffnungszeiten** Besichtigung nach Anmeldung unter Tel. 030/6395810 | **ÖPNV** Bus 166, Haltestelle Krematorium Baumschulenweg | **Tipp** Wo Berlins Bäume herkommen: Das Arboretum der Späth'schen Baumschule in der Späthstraße 80/81, 12437 Berlin, ist eine grüne Oase mit Tradition!

60 Der Kunstsalon

Die Bilder der Gebrüder Posin

»Es gibt keine falschen Bilder, nur gute und schlechte.« Die Aussage steht noch lange in dem Raum mit der türkisfarbenen Holzverkleidung und wirkt nach. Denn dass die Bilder, die hier stehen, gut sind, daran lassen die Inhaber des Kunstsalons in dieser kleinen Nebenstraße Neuköllns keinen Zweifel aufkommen. Da lehnt zum Beispiel eine Mona Lisa ganz oben auf dem Bilderstapel an der Wand, ein eindrucksvolles Schinkel-Gemälde steht auf einer Staffelei, und über der Heizung wird ein blaues Pferd von Franz Marc sacht von der warmen Luft hin und her geschaukelt.

Die drei bärtigen Brüder aus Russland nennen sich dennoch Kunstfälscher, um Missverständnissen vorzubeugen. Und genau so unmissverständlich ist auch alles andere, was die Posin-Brüder sagen. Ihr Handwerk könne man nicht erklären oder lernen – man brauche einfach ein Gefühl: für die Zeit, das Material und das Konstrukt, was daraus entsteht. Das Wichtigste sei es, die Seele eines Bildes wieder entstehen zu lassen. Und das sei dann eben nicht einfach eine Kopie. Verboten ist das nicht, weil das Urheberrecht 70 Jahre nach dem Tod des Künstlers erlischt. Eine bestimmte Epoche, die sie besonders interessiert, haben die drei Künstler nicht. Sie lehnen eigentlich kein Motiv ab.

Im Hinterraum ist die Holzverkleidung rot gestrichen. Da Vinci, Rembrandt und Monet: Auf allerengstem Raum finden hier alle Highlights der Kunstgeschichte zusammen. In Ruhe kann man sich die Ölgemälde aus nächster Nähe ansehen, um vielleicht Spuren daran zu entdecken, die das Bild als Fälschung enttarnen. Vergeblich.

Ein nachgemaltes Meisterwerk kostet ab 1.000 Euro aufwärts. Nennenswerte Konkurrenten haben sie nicht, sagen die Posins. Deshalb ist es im Moment auch sehr schwer für sie, sich vor den vielen Aufträgen zu retten. Für ihre eigenen Bilder, von denen einige im Keller ausgestellt sind, bleibt kaum Zeit.

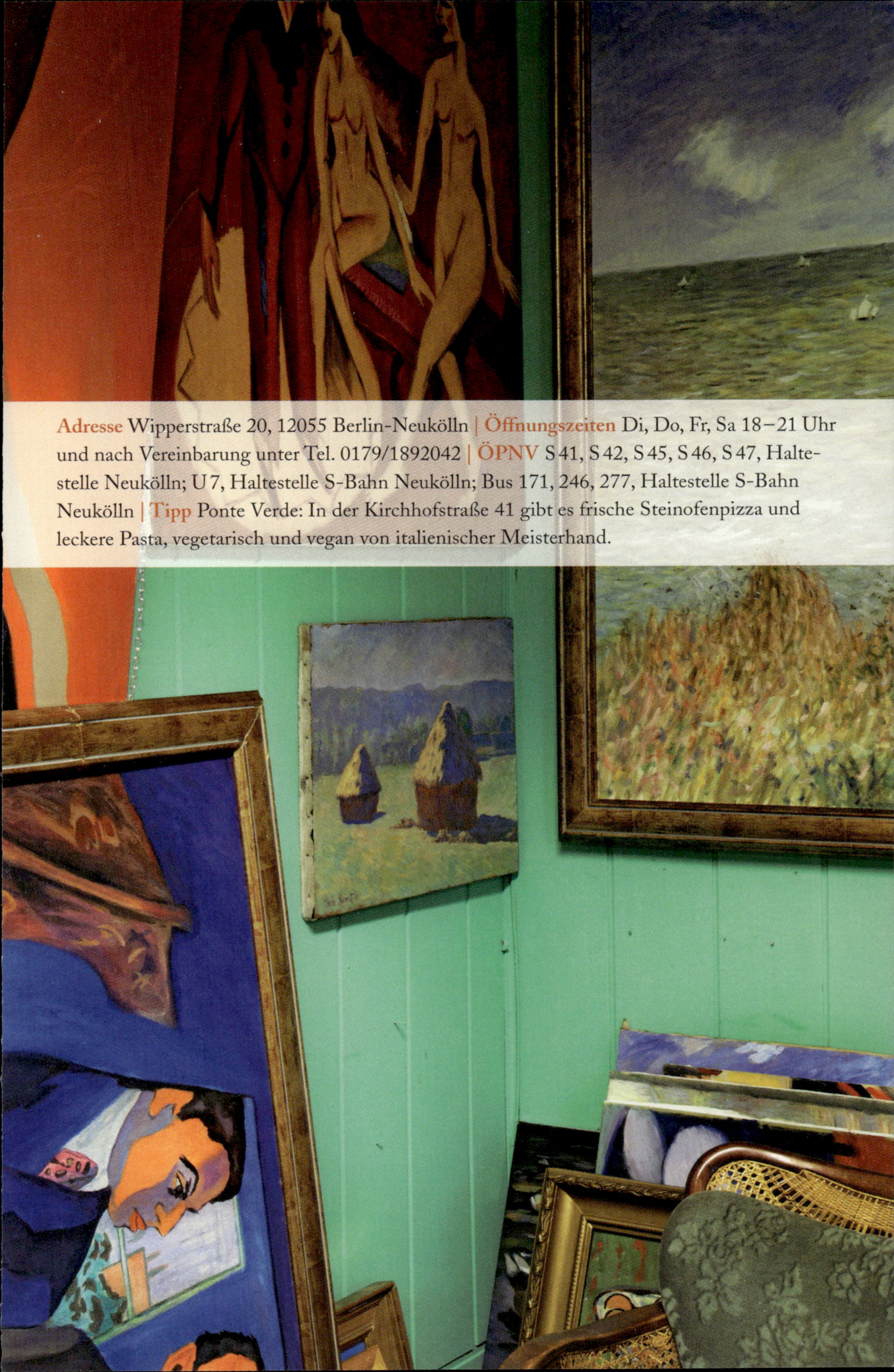

Adresse Wipperstraße 20, 12055 Berlin-Neukölln | **Öffnungszeiten** Di, Do, Fr, Sa 18–21 Uhr und nach Vereinbarung unter Tel. 0179/1892042 | **ÖPNV** S 41, S 42, S 45, S 46, S 47, Haltestelle Neukölln; U 7, Haltestelle S-Bahn Neukölln; Bus 171, 246, 277, Haltestelle S-Bahn Neukölln | **Tipp** Ponte Verde: In der Kirchhofstraße 41 gibt es frische Steinofenpizza und leckere Pasta, vegetarisch und vegan von italienischer Meisterhand.

61_Der Kuppelsaal

Eine Kathedrale für den Sport

Von außen ist er vollkommen verborgen, denn der Kuppelsaal wird umschlossen von dem überhaupt nicht gewölbten, sondern ganz und gar gradwinkligen Haus des Deutschen Sports am Adlerplatz. Aber der Saal, in welchem 1936 bei den Olympischen Spielen die Fechtmeisterschaften ausgetragen wurden, steht den gigantischen Dimensionen hier auf dem Olympiagelände in keinerlei Hinsicht nach.

Man betritt den Saal über die Tribüne. Von diesem Moment an kommt man sich vor, als sei man geschrumpft. Die weit ausholende Kuppel wölbt sich mächtig und gigantisch über der Arena. Und das knie-wackelige Gefühl, das einen unter den hohen und verzierten Kuppeln von Kirchen überkommen kann, weil sie den kleinen Menschen zu ihren Füßen eine Ahnung von der Herrlichkeit und zugleich Unerreichbarkeit des Überirdischen vermitteln, überkommt den Besucher. Das ist kein Zufall, schließlich wollten die Nationalsozialisten bei den Olympischen Spielen der ganzen Welt ihre Macht und Vorherrschaft demonstrieren. Das drücken die Statuen hier auf dem Gelände genauso aus wie die Weitläufigkeit der Anlagen – und eben auch das beeindruckende Rund des Kuppelsaals.

Man kann ihn nicht so ganz abschütteln, diesen faden Beigeschmack, der auch noch nach so vielen Jahren da ist. Die riesigen schwarzen Lampenschalen unterhalb der Kuppeln, die so aussehen, als ob dort Feuer hochschlagen müssten, erinnern unweigerlich an düstere Bilder aus der NS-Zeit.

Vielleicht liegt das auch daran, dass der Kuppelsaal mit unendlicher Geduld darauf zu warten scheint, dass man ihm endlich ein neues Leben schenkt. Heute erfüllen die Holzbänke ohne Geländer, die Treppenstufen ohne Beleuchtung und die Belüftungsanlagen nicht mehr die vorgeschriebenen Sicherheitsstandards, aber um die schweren Gedanken an die Vergangenheit abschütteln zu können, braucht der Saal unbedingt eine neue Vision.

Adresse Haus des Deutschen Sports, Olympiapark, Adlerplatz, 14053 Berlin-Spandau | **Öffnungszeiten** Besichtigung im Rahmen der Olympiapark-Führungen | **ÖPNV** U2, Haltestelle Olympiastadion | **Tipp** Open Air: Die Konzerte in der Waldbühne, Glockenturmstraße 1, inmitten von Bäumen sind ein wirkliches Erlebnis.

62 Die Liebespaarbank

Die unbekannten Nackten auf Europas schönstem U-Bahnhof

Eine Bank soll einladen, vornehmlich zum Sitzen. Doch viele, die hier auf dem U-Bahnhof Dahlem-Dorf die Sitzbänke ansteuern, um sich kurz noch mal auszuruhen, bevor die Bahn kommt, halten inne – und bleiben dann nicht selten doch lieber stehen. Die hölzerne, dunkel angestrichene Bank stellt einen Mann und zwei Frauen dar, deren Geschlechtsmerkmale deutlich oder sogar überdeutlich zu sehen sind. Um genau zu sein, sind diese sogar die einzigen Merkmale der drei Bankfiguren, neben ihren runden, hervorstechenden Augen.

Die Berührungsängste der meisten Menschen rühren wohl daher, dass man sich beim Benutzen der Sitzfläche entweder auf das männliche Geschlechtsteil setzen müsste oder beim Anlehnen auf den beiden benachbarten Sitzen den Kopf zwischen die runden Brüste legen würde.

Wegen der abstrakten Kopfform und wahrscheinlich auch aufgrund der Tatsache, dass der Mann in der Mitte mit seinen beiden Armen rechts und links eine Frau an der Hüfte packt, sollen die Figuren – so steht es zumindest bei Wikipedia – auf das nahe Völkerkundemuseum hinweisen. Der Künstler selbst heißt Wolf van Roy und kommt aus Lichterfelde-West. Das exotische Dreier-Liebespaar hat also mit größter Wahrscheinlichkeit keinen spezifischen ethnologischen Hintergrund.

Aber der U-Bahnhof lohnt sich auch aus einem anderen Grund: 1913 äußerte Kaiser Wilhlem II. den Wunsch, dass dieser Bahnhof die Städter, die hier ausstiegen, bereits ganz und gar ländlich empfangen sollte. Also wurde ein herrschaftliches, mit Reet gedecktes Fachwerkhaus als Bahnhofsgebäude gebaut. Es bleibt wahrscheinlich unbeantwortet, ob das alte Fachwerk oder die Liebespaar-Bänke – oder eben vielleicht gerade die Kombination aus diesen beiden Besonderheiten auf dem Dahlemer Bahnhof – ausschlaggebend dafür waren, dass 1987 die Japaner Dahlem-Dorf zum schönsten U-Bahnhof Europas kürten.

Adresse U-Bahnhof Dahlem-Dorf, Brümmerstraße 1, 14195 Berlin-Zehlendorf | **ÖPNV** U3, Haltestelle Dahlem-Dorf; Bus X83, Haltestelle U-Bahn Dahlem-Dorf; Bus 110, Haltestelle Domäne Dahlem | **Tipp** Aus aller Welt: Die über 500.000 Objekte im Völkerkundemuseum, Arnimallee 27, erklären die Gesellschaften, Religionen und Wirtschaftsformen vorindustrieller Kulturen.

63 Die Linde in der Linde

Künstler: Die Natur

Es ist der steile Weg gleich am Hafen links, der Weg, den man eigentlich lieber nicht einschlägt, wenn man mit der Fähre auf der Pfaueninsel ankommt – zumindest, solange es noch andere, weniger steile Spaziermöglichkeiten gibt. Aber die Anstrengung wird hier auf der Stelle belohnt. Es geht durch einen Laubengang aufwärts, und schon beim Erklimmen der Anhöhe steht sie vor einem, eingerahmt von den blühenden Kletterpflanzen am Ende des Weges: die Doppellinde.

Hier stand für viele Jahrzehnte eine prächtige Linde, die Berlins Star-Landschaftsarchitekt Peter Joseph Lenné 1821 genau an diese Stelle gesetzt hatte. Keine Ecke dieser Insel, auf der sich einst König Friedrich Wilhelm II. heimlich mit seiner Geliebten Wilhelmine traf, überließ Lenné dem Zufall. Und auch heute noch führen die Wege die Besucher auf vorgegebenen Achsen durch Wäldchen, Wiesen und Blumengärten und geben immer wieder den Blick auf das Wasser ringsherum frei. Und man freut sich jedes Mal noch genauso wie früher als Kind, wenn ein Pfau ganz unvermittelt aus dem Gebüsch tritt und über den Weg spaziert.

Drei Wege kommen hier zusammen, wo die frei stehende Linde im Landschafts-Plan eingetragen wurde. Aber der Baum, an dem Königin Luise jedes Mal vorbeikam, wenn sie zum Schloss hinaufging, und der jeden Sommer ein Stück größer wurde, ist heute nur noch eine zerborstene Hülle. Die Rinde schließt sich einmal rundherum, im Innern ist sie vollkommen hohl. Und aus dieser Mitte heraus, beschützt von der uralten Baumrinde, wächst eine neue Linde. Sie ist schon ein stattlicher kleiner Baum, der die Äste nach allen Seiten ausstreckt.

Ob sie von alleine aus der alten Linde heraus in die Höhe schießt oder ob sie in den hohlen Stamm hineingepflanzt wurde, ist nicht so wichtig. Sie wächst mit so viel Schwung und Zuversicht aus dem Gewesenen heraus, dass einem dieser Anblick fast wie ein kleines Wunder vorkommt.

Adresse Pfaueninsel, am Ende der Pfaueninselchaussee, 14109 Berlin-Zehlendorf | **ÖPNV** Bus 218, Haltestelle Pfaueninsel | **Tipp** Spurensuche: Oberhalb der Gärtnerei gibt es noch ein Fundstück: Das Blockhaus ist alles, was noch steht von der einst größten Attraktion der Insel, der hölzernen russischen Rutschbahn.

64_Der Lokschuppen

Ein Relikt aus der Kohlezeit

Die Bezeichnung »Schuppen« ist an dieser Stelle komplett irreführend. Bei Schuppen denkt man an kleine, nicht ganz vollwertige Bauten, die vollgestopft werden mit Dingen, die man eigentlich nicht ständig sehen möchte. Das muss einmal anders gewesen sein.

Der Lokschuppen des ehemaligen Rangierbahnhofs Pankow-Heinersdorf an der Stettiner Bahn ist ein Ringlokschuppen mit Rundbau, und zwar der letzte seiner Art. Wenn man sich über die alten Bahntrassen dem riesengroßen Kuppeldach nähert, dann entdeckt man noch viele Überbleibsel aus der Zeit, als hier die Dampflokomotiven schnaufend eingefahren sind. Alte Bohlen und Schienenteile liegen verstreut zwischen den Büschen und Bäumen, die hier inzwischen schon lange die Oberhand über die veraltete Technik gewonnen haben.

Fast. Denn einen können sie nicht in die Knie zwingen, den Schuppen. Seine Kuppel ist mit Holz verkleidet, und die Lichtbänder, durch welche die Sonnenstrahlen fast greifbar durch den Staub bis zum Boden hinunterfallen, lassen das Dach schweben. 24 Schienen gehen sternförmig von der Drehscheibe in der Mitte ab. Es riecht nach Maschinenöl. Vom S-Bahnhof direkt hinter dem Schuppen hört man das schneller werdende Rattern einer anfahrenden Bahn. Dann sieht man sie durch die offenen Türen vorbeifahren. Fast so, als würde hier noch einmal der Fortschritt gegenüber der veralteten Technik präsentiert. Mit der Erfindung der elektrischen Eisenbahn waren nicht nur die Tage der Dampflokomotiven gezählt. Die neuen Loks konnten auch in beide Richtungen fahren, was eine Drehscheibe am Rangierbahnhof überflüssig machte. Die enorme Kuppel von Pankow steht unter Denkmalschutz. Es gibt einige Ideen, wie der Schuppen neu genutzt werden könnte: Großraumdisco, Oper oder Ausstellungshalle. Er wäre nicht der Erste seiner Art, der zum Kulturort wird. In Rosenheim ist ein alter Lokschuppen sogar zum Wahrzeichen der Stadt geworden.

Adresse Am Feuchten Winkel, 13129 Berlin-Pankow | **ÖPNV** S 2, S 8, Haltestelle Pankow-Heinersdorf; Tram 50, Haltestelle Galenusstraße | **Tipp** Frischer Fisch: Auf Berlins einzigem Fischmarkt in der Rothenbachstraße 48–50, 13089 Berlin, wird Fisch verkauft, geräuchert und frisch zubereitet!

65_Mary's Saloon

Back in the saddle again …

Es ist was im Gange, das spürt man. Der große Parkplatz der Fast-Food-Kette irgendwo in Spandau ist am frühen Samstagabend beinahe ausgestorben. Doch dann kommt wie auf ein geheimes Zeichen hin ein Auto nach dem anderen vorgefahren. Menschen steigen aus – und verwandeln sich. Hier wird ein Hut mit breiter Krempe vorsichtig von der Rückbank eines Kleinwagens genommen, dort eine lederne Fransen-Jacke übergezogen und weiter drüben ein Pistolengurt umgelegt. Die Stimmung ist gedämpft, denn hier geht es schließlich noch nicht los. Los geht es erst, wenn man vom Parkplatz aus über einen Trampelpfad an einer hohen Bretterwand entlang bis zu dem Tor mit der großen Glocke gegangen und dort eingetreten ist in die Welt des Wilden Westens.

Die Menschen vom Parkplatz sind die Bewohner von Old Texas Town. Sie treffen sich jeden ersten Samstag im Monat. Hände werden geschüttelt, neue Kostüme bewundert – und jeder ist schnell drin in seiner Rolle. Da gibt es den Kopfgeldjäger, den Totengräber, den Gefängniswärter und die Ladys in rüschigen Reifröcken. Die Stimmung ist gut und voller Erwartung für diesen Abend.

Das Herz der staubigen Westernstadt ist Mary's Saloon. »I'm back in the saddle again«, tönt es aus den Boxen, der DJ sitzt mit Cowboyhut auf der Bühne und mustert jeden, der den Saloon betritt. Der ein oder andere Hit wird schon angespielt, und hier und da stampft ein Cowboyfuß auch schon mal probehalber im Takt mit. Ein riesengroßer Büffelkopf hängt auf dem Treppenabsatz zur Galerie. Doch im Gegensatz zu anderen Western-Städten sind Fremde hier überaus willkommen. Gäste dürfen mit und ohne Cowboy-Kostüm dabei sein, wenn der Abend offiziell eröffnet wird mit dem Tanz der Quadrille, wenn später dann die Ladys die Beine aus den Can-Can-Kleidern schwingen und auch viel später noch, wenn in Mary's Saloon gefeiert und gestampft wird bis tief in die Nacht.

Adresse Old Texas Town, Paulsternstraße 18, 13629 Berlin-Spandau | **Öffnungszeiten** jeden 1. Sa im Monat 20 Uhr | **ÖPNV** U 7, Haltestelle Paulsternstraße; Bus 139, Haltestelle U-Bahn Paulsternstraße | **Tipp** Heiraten: Die Kirche in Old Texas Town ist echt. Schon einige Hochzeitspaare schmücken die Fotowand neben dem Eingang – in Cowboyhüten, versteht sich.

66 Die Maschinenhalle

Eine Kathedrale für die Technik

Eine verzierte Freitreppe führt zum Ufer hinunter. Von der Terrasse mit den kleinen Türmchen auf dem Geländer blickt man weit über den Müggelsee. Es könnte der Blick von einem Wasserschloss sein oder zumindest von einer prächtigen Strandvilla. Wenn da nicht die Verbundkolbenmaschinen wären, die bis nach draußen dröhnen. Und der Geruch nach Maschinenöl. Und die Tatsache, dass niemand hier das Ufer betreten darf.

Denn der Prunkbau aus rotem Klinker mit Zinnen, kunstvoll gemauerten Erkern und gewölbten Fenstern ist das Friedrichshagener Wasserwerk. Anstelle eines herrschaftlichen Salons betritt man hinter der Terrassentür – den Maschinenraum. Es wummert, stampft, ruckt und schmatzt, wenn das riesige Rad der Pumpe sich dreht. Schwarz glänzen die Oberflächen der Maschinen und golden die Ölkannen, die auf einem fein verzierten Tablett bereitstehen. Man wird geradezu angesteckt, nachträglich sozusagen, von der Euphorie der Industrialisierung. Die prunkvolle Hülle scheint jedenfalls vollkommen angemessen für dieses Kunstwerk der Technik. Der Sammelbrunnen am Ufer, ein kleines sechseckiges Gebäude, das man durch das Fenster sehen kann, erinnert mit seinen hohen, schmalen Fenstern an eine Kapelle.

Die Maschinen in der herrschaftlichen Halle pumpen das Seewasser, das in den drei Stockwerke tiefen Keller hineinläuft, weiter in die Langsamsandfilter. Diese befinden sich auf dem riesengroßen Gelände hinter den Prunkbauten am Ufer, und zwar unterirdisch. In diese Gewölbe wurde das Wasser noch bis 1979 gepumpt, wo es dann durch eine Sandschicht sickerte – und somit gereinigt war. Das Trinkwasser wird heute noch nach derselben Methode gefiltert. Aber die Sandfilterbecken im Alten Wasserwerk sind trocken. Fledermäuse überwintern hier.

Eine neue Nutzung für das Wasserschutzgebiet gibt es noch nicht. Eine Champignon-Zucht wäre geeignet, heißt es.

Adresse Müggelseedamm 307, 12587 Berlin-Friedrichshagen | **Öffnungszeiten** Museum im Wasserwerk So–Do 10–16 Uhr | **ÖPNV** Tram 60, Haltestelle Altes Wasserwerk | **Tipp** Seebad-Stimmung: Friedrichshagen ist eine eigene Entdeckungstour wert: prunkvolle Villen am Wasser, eine malerische Hauptstraße und immer wieder Aussichtsbuchten am Müggelsee-Ufer.

67_Das Materiallager

Kreative Mischung

Zum Beispiel die riesengroße Plane aus dem Stadion. Die sollte weggeschmissen werden, eine neue, bessere war schon bestellt. Die Leute aus dem Materiallager fuhren hin. Die Plane war so groß, dass sie kaum in den Lkw passte. Auf ihrem Hof schnitten sie das ganze Material in viele Teile – und konnten es innerhalb kürzester Zeit bis auf den letzten Schnipsel für wenig Geld an diejenigen weiterverkaufen, die gerade eine Werbeplane brauchten.

Das Materiallager in Pankow funktioniert als eine Art Umverteilungszentrale. Damit gebrauchte Gegenstände nicht auf dem Müll landen, sondern einem neuen Zweck zugeführt werden. In dem alten Haus in Pankow lagert das Material über drei Stockwerke und in einer zusätzlichen Halle. Das Sortiment wechselt ständig. Ob es gerade Duschköpfe gibt, Lampenschirme, viel oder wenig Schaumstoff, langes oder breites Holz – das weiß man vorher nicht. Deshalb ist es besser, ohne eine bestimmte Vorstellung im Kopf hierherzukommen und sich davon inspirieren zu lassen, was man findet.

Dann funktioniert es. Man stöbert in den Räumen und staunt über die sogenannten Reste, die sich hier ansammeln. Alles ist nach seiner Substanz sortiert und kommt nach Ankunft zu seinesgleichen in den entsprechend ausgewiesenen Raum. Auch Plattenhüllen und Platten werden getrennt einsortiert. Das nennt man hier die Dinge »bedeutungsoffen« aufbewahren. Vinyl, rund, schwarz – das sind die Eigenschaften der Platte, die hier von Bedeutung sind.

Das ist der Unterschied zum Flohmarkt. Das Funktionieren eines Gegenstands zählt hier nicht mehr – nur noch die Beschaffenheit.

Damit die Material-Transporte bald schneller und spontaner abgewickelt werden können, arbeitet das Team bereits mit einer ersten Zweigstelle in Tempelhof. Ihre Vision: Eine flächendeckende Materialwiederverwertung, ein Netzwerk von Lagern über ganz Berlin verteilt, in jedem Bezirk eins.

Adresse Kunst-Stoffe, Berliner Straße 17, 13189 Berlin-Pankow | Öffnungszeiten Mi, Fr 12–18 Uhr, Do 12–16 Uhr, jeden letzten So im Monat 15–19 Uhr | ÖPNV S 2, S 8, S 9, Haltestelle Pankow; U 2, Haltestelle Pankow; Tram M 1, 50, Haltestelle S+U-Bahn-Bahn Pankow; Bus M 27, 107, 250, 255, Haltestelle S+U-Bahn Pankow/Granitzstraße | Tipp Lastenfahrräder: Im Hof kann man die Räder ausleihen, die hier aus alten Fahrrädern neu zusammengeschweißt wurden – und zum Transport von Material bestens geeignet sind!

68 Der Mauer-Wald

Wandel der Zeiten

Es ist gut, dass die Spuren der Mauer an vielen Stellen in der Stadt bewahrt werden. Allerdings erschöpft sich das Erlebnis in den Museen und an den ausgewiesenen Mauer-Plätzen im Berliner Zentrum recht schnell, man läuft mit dem Strom der Besucher immer in der ausgeschilderten Richtung und steht störend im Fotomotiv der anderen rum.

Aber es gibt einen Ort, den kaum einer kennt, an dem es noch viel Mauer gibt. Unerwartet viel. Es ist ein richtiger Mauer-Wald. Wie große Dominosteine stehen die einzelnen Teile auf ihren Betonfüßen am Ufer des Teltowkanals. Die bunten Graffiti fallen hier in der Ödnis des ehemaligen Grenzstreifens besonders auf.

Man wandelt zwischen Geschichte, Gegenwart und Zukunft immer noch über Niemandsland und ahnt dabei, dass mit diesen Mauerstücken irgendetwas passieren soll. Der Grenzstreifen am Stadtrand wird nicht für immer leeres Baugrundstück bleiben. Hier wird schon bald der Teltower Hafen ausgebaut. Auf der Internetseite erfährt man dann von dem Projekt, das sich der neue Eigentümer der Mauerteile, das Lagerhaus KW, ausgedacht hat, um die Beton-Riegel aus der Vergangenheit an den Mann zu bringen: Jeder Künstler oder Hobbymaler, kurz: jeder, der möchte, kann auf der Internetseite einen Nutzungsvertrag ausfüllen und dann hier sechs Monate lang »sein« Mauerstück bebildern. Und er darf es außerdem innerhalb dieses halben Jahres verkaufen. Den Preis für sein Kunstwerk bestimmt er selbst. Ein Drittel des Erlöses bekommt das Lagerhaus KW.

Es stellt sich natürlich die Frage, wer diese vielen Mauerreste kaufen soll. Kann man denn wirklich den Geschichtswert dieser Betonklötze verkaufen? Und wenn ja, wie lange noch? Vielleicht können aber die Ideen der Künstler helfen, die sie zu besonderen Einzelstücken machen. Dann zählt nicht mehr nur der Vergangenheitswert – sondern auch der Gegenwartsbezug.

Adresse Oderstraße/Knesebeckbrücke, 14513 Teltow, www.mauerteilebemalen.de | ÖPNV Bus X10, Haltestelle Alt-Schönow | Tipp Das Schnäppchen-Kaufhaus: Im »Rückenwind« ungefähr 100 Meter weiter an der Oderstraße gibt es eigentlich alles, was es in normalen Kaufhäusern auch gibt – nur eben gebraucht.

69 Der Mittelpunkt Berlins

Der Zankapfel

5230'5" nördliche Breite und 1324'9" östliche Länge sind seine Koordinaten. Bescheiden und anspruchslos liegt er da, der Mittelpunkt Berlins. Nicht etwa am Brandenburger Tor oder am Fuße des Fernsehturmes, sondern zwischen den Hochhausriegeln einer nicht besonders aufregenden Neubausiedlung aus den 1950er Jahren, am Rand eines Fußweges, unter einem Busch. Doch trotz aller Zurückhaltung hat die versteckte Gedenkplatte aus Granit aus dem Jahr 1997 schon für viel Aufregung gesorgt. Denn es gab ja bereits vor ihr den ein oder anderen definierten Mittelpunkt in der Stadt.

Zuerst galt lange Zeit die Postmeilensäule nahe dem Spittelmarkt als offizieller Kern der Stadt, und seit 1991 werden alle Entfernungen von und nach Berlin von dem Schnittpunkt der Leipziger- mit der Seydelstraße berechnet. Der sogenannte Koordinationsnullpunkt für sämtliche Karten wiederum, der demnach also allgemein akzeptierte Berlin-Mittelpunkt, ist die Fahnenstange auf dem Roten Rathaus.

Der geografische Mittelpunkt wurde dann für die wiedervereinigte Stadt 1996 zum ersten Mal exakt ermittelt. Die Mitarbeiter des Vermessungsamtes Friedrichshain-Kreuzberg gaben die Koordinaten von insgesamt 3745 Punkten entlang der Berliner Landesgrenze in zwei Computer ein. Das Ergebnis, unbestechlich, unwiderruflich und unanfechtbar: Alexandrinenstraße.

Das ist also der Mittelpunkt dieser Metropole: Grünstreifen, Hochhäuser, Schulen, ein Wohngebiet zwischen Kreuzberg und Mitte, ein ehemaliges Randgebiet, ein Kiez ohne Namen. Dieser Punkt wird wohl nie das Zentrum einer Großstadt werden, aber er rückt vielleicht manche Dinge auch wieder zurecht. Es gibt eben nicht nur das Rote-Rathaus-Berlin, nicht nur das Fernsehturm-Berlin, das Kudamm- oder Berghain-Berlin, es gibt noch so viele mehr. Aber nur eines darf sich offiziell Mittelpunkt der Stadt nennen.

Adresse Alexandrinenstraße 12–14, 10969 Berlin-Kreuzberg | **ÖPNV** U 1, Haltestelle Prinzenstraße; Bus M 41, 248, Haltestelle Zossener Brücke | **Tipp** Der St.-Jacobi-Kirchhof: Über die Ritterstraße kommt man in die Jakobikirchstraße, eine kleine Sackgasse, die zu der Kirche mit dem schönen alten Kreuzgang führt, die am Jakobsweg liegt.

70 Die Müggelseefischerei

Fischers Netze und frische Fische

Bevor die weitläufigen Sumpfgebiete zu beiden Seiten der Spree trockengelegt wurden und die kleinen Dörfer nach und nach zu einer Metropole gewachsen waren, da muss es überall in Berlin so ausgesehen haben wie hier. Rahnsdorf ist das letzte Fischerdorf am Müggelsee. Der Kirchturm liegt erhöht, drum herum gruppieren sich die Häuser, und unten am Ufer sind die Fischerboote vertäut.

Wie inszeniert lehnen an einer Birke zwei große Kescher, und zwischen den Bäumen am Ufer hängen die Reusen. Diese knüpft Fischer Andreas Thamm noch selbst. Alles andere würde auch keinen Sinn machen, erklärt er, denn jedes Gewässer ist anders, und die Fanggeräte müssen angepasst werden.

Jeden Morgen fährt Thamm, der einzige Fischer mit Fischereirechten hier am Müggelsee, auf das Wasser und holt die Schleppnetze ein. Dann bringt er Zander, Aale, Barsche und Plötzen nach Hause, wo die meisten von ihnen in den Räucherofen kommen. Jeden Tag wird der große schwarze Schrank angefeuert und die Fische darin geräuchert, bis sie golden glänzen.

An den Wochenenden kann man Fisch frisch aus dem Ofen kaufen, an den Tischen und Bänken auf der Wiese sitzen und das emsige Treiben auf der Müggelspree an sich vorüberziehen lassen.

Thamm muss sich aber nicht nur darum kümmern, dass Fisch in den Ofen kommt – sondern auch um die Fische im See. Mit dem Bestand ist er eigentlich ganz zufrieden, aber das Wasser sei in den letzten Jahren immer sauberer geworden, was wiederum bedeutet, erklärt Thamm, dass es weniger Nahrung für die Fische gibt. Und die Aale, die machen ihm Sorgen. Sie schwimmen aus der Karibik bis in die nordeuropäischen Seen – und wandern dann wieder zurück durch den Atlantik. Doch viele kommen nicht mehr an, weil die Flüsse für sie durch Schleusen versperrt sind. Thamm kümmert sich darum, dass sie dem Müggelsee nicht verloren gehen. Und das nicht nur, weil sie sich so gut als Räucherfisch machen.

Adresse Dorfstraße 13, 12589 Berlin-Rahnsdorf | Öffnungszeiten Fischverkauf Sa, So 10–18 Uhr | ÖPNV Fähre F23, F24, Haltestelle Kruggasse; Bus X69, Haltestelle Odernheimer Straße (circa 500 Meter Fußweg und übersetzen mit der Ruderfähre) | Tipp Die Dorfkirche: Die Tür ist für Besucher offen. Im Innern hängen alte Fotos von Rahnsdorf, als es noch umgeben war von sumpfigen Wiesen und moorigen Wäldern.

71_Das Museum der unerhörten Dinge

Unglaublich und teilweise wahr

Vor rund 100 Jahren, am 17.07.1913, erschreckte ein Rentier die Bewohner eines spanischen Dorfes beinahe zu Tode. Nachdem sie es erschossen hatten, forschten sie nach und fanden raus, dass das Tier von Lappland nach Spanien gewandert sein musste. Als sie seinen Schädel untersuchten, sahen sie, dass sein nach innen verwachsenes Geweih auf das Temperaturzentrum im Gehirn gedrückt und das Tier deswegen immerzu gefroren hatte. Deshalb also hatte es sich aufgemacht und war immer weiter Richtung Wärme gelaufen.

Das Geweih dieses frierenden Rentiers liegt im Museum der unerhörten Dinge. Man weiß nicht ganz genau, ob es zuerst die Geschichte gab und dann das Ding dazu gefunden wurde oder umgekehrt. Aber das ist auch nicht der Punkt, der hier zählt.

Genauso verhält es sich beim »Einschlag eines Gedankenblitzes«, beim »Bernstein aus dem Bernsteinzimmer« oder bei der »Goethe-Rose« – alle diese Dinge sind in dem schmalen Ladenraum auf dem Regal an der Wand aufgestellt. Darunter baumeln ihre unglaublichen Geschichten, die sie zu einzigartigen Fundstücken machen. Hin und wieder hört man einen Besucher freudig auflachen.

Im Hinterzimmer befindet sich die Produktionsstätte. An der Wand sind die Dinge drapiert, die noch keine Geschichte gefunden haben. Insgesamt finden sich in dem Museum 76 erhörte unerhörte Dinge und 400 noch nicht erhörte unerhörte Dinge. Es mögen unscheinbare Kleinigkeiten sein, die wir schon 100-mal gesehen haben oder die wir gar nicht kennen. Das Museum der unerhörten Dinge hilft uns dabei, sie einzuordnen – oder gibt uns zumindest eine mögliche Erklärung.

Und das Beste ist: Die Dinge wechseln ständig, sodass es sich immer wieder lohnt, vorbeizukommen, um wieder eine neue Geschichte zu erfahren, die man dann mitnimmt auf seinem Weg.

Adresse Crellestraße 5–6, 10827 Berlin-Schöneberg | **Öffnungszeiten** Mi–Fr 15–19 Uhr | **ÖPNV** S 1, Haltestelle Julius-Leber-Brücke; Bus M 48, M 85, 104, 106, 187, 204, Haltestelle Kaiser-Wilhelm-Platz | **Tipp** Schokoladenladen: Das »Bitter Süß« in der Crellestraße 2 ist ein gemütlicher Ort, der dazu einlädt, gute Schokolade zu kosten!

72 Mutter Fourage

Lebendige Nostalgie

Früher einmal war der Hof mit der gepflasterten Zufahrt zwischen Potsdam und Berlin bekannt für eine Sache: Viehfutter, oder auch »Fourage«. Heute braucht man erst eine Weile, um sich in dem allseitigen Treiben zurechtzufinden. Die Übergänge sind fließend. Gerade noch bewundert man die prächtigen Stauden und alten Bauerngarten-Pflanzen, schon steht man plötzlich inmitten der runden Café-Tische. Italienische Terrakotta stapelt sich in bauchigen Formen rund um das blaue Taubenhaus, und nur wenige Schritte weiter ist der Eingang zu der Galerie in der Remise. Die Türen der alten Scheune und der Ateliers stehen offen. Es ist herrlich unaufgeräumt. Menschen gehen ein und aus, wohin man blickt.

So muss es früher auf den Märkten zugegangen sein: Ein emsiges Umeinander-Wuseln, Einkaufen, Verweilen und vor allem: ein Zusammenkommen. Man fühlt sich wie in eine andere Zeit mitgenommen und gleichzeitig entführt in ein Dorf irgendwo am Mittelmeer, genau zum Markttag.

Heute treffen sich hier auf dem alten Futtermittelhof auch die Menschen aus der Umgebung. Und was einen erst erstaunt und dann fasziniert: Sie scheinen das Einkaufen im Hofladen und den Kaffee zum selbst gebackenen Kuchen an den kleinen runden Tischen inmitten der duftenden Blumen geradezu zu zelebrieren.

Die Ställe und Häuser rundum sind liebevoll restauriert und haben dabei ihren alten Charme nicht verloren. Vielleicht liegt das aber auch an der uralten Linde im Hof oder an den wild wachsenden Rosen im Vorgarten. Das Herz des gesamten Ensembles aber ist die alte Scheune. Hier, unter dem runden rautenförmigen Fachwerkdach ist ein ganz neuer Ort entstanden für Konzerte, Lesungen und Theater. Es ist ein Hof, der einlädt zu verweilen. Orte wie diese tun der Stadt und ihren Menschen gut. Man hat das Gefühl, aufs Herzlichste willkommen zu sein – und nimmt diese Einladung gerne an.

Adresse Chausseestraße 15a, 14109 Berlin-Zehlendorf | ÖPNV Bus 118, 318, Haltestelle Charlottenstraße/Chausseestraße | Tipp Ein Abstecher: Steinstücken konnte man zu Mauerzeiten nur über einen Korridor erreichen – es lag wie eine Insel umgeben von der DDR.

73 Das Neuköllner Nussdepot

Von Cashew bis Melonenkern

Es gibt Dinge, von denen kann niemand mehr sagen, warum sie so sind, wie sie sind. Das war schon immer so, heißt es dann, wenn Kinder oder Menschen aus anderen Kulturen danach fragen. Dass in arabischen Ländern Nüsse gereicht werden, wenn man zusammensitzt, das sei eben Volkssport, sagt Nicolas Tasrini, der Röstmeister im Nussdepot an der Sonnenallee. Zum Beispiel geröstete Melonenkerne. Sie stammen aus Persien und Ägypten, werden in ihrer Schale gebrannt und leicht gesalzen. Mehr wird aber nicht verraten. Sein Kollege Röstmeister Khaled Mohsen kommt aus dem Libanon. Er steht im Laden hinter der eindrucksvollen Theke voller verschiedenfarbiger Nüsse und lächelt zufrieden. Er hat ein Jahr lang in einer Rösterei gelernt. So ist das üblich im Libanon, erklärt er. Es gibt zwar keinen Abschluss oder gar ein Diplom, aber wenn man das Handwerk kennt, dann kann man als Röstmeister arbeiten. Jede Nuss hat eine eigene Geschichte, und die ist es, die man kennen muss, erklärt Mohsen. Erst dann kann man eigene Kreationen versuchen.

Im Nussdepot gibt es eine Menge davon: zum Beispiel zwölf verschiedene Cashewnuss-Sorten. Wenn man die Schärfe der Chili-Mischung überwunden hat, dann explodieren die Geschmacksnerven geradezu bei den Pfeffer-Zitronen-Nüssen, die mit Salz gerösteten Cashewkerne sind dagegen beinahe erholsam, Cashew-Rauch ungewohnt und die leuchtend roten mit dem Namen Volcano signalisieren eindeutig, dass man sie nicht essen sollte, wenn man keine Schärfe verträgt.

In den Duft der Nüsse, der aus der Rösterei hinter dem Ladenraum strömt, mischt sich noch etwas: Kaffeegeruch. Denn auch bei der Kaffeebohne ist es die Kunst der Röstung, welche das Produkt, in diesem Fall die Tasse Kaffee, am Ende ausmacht. Und Khaled Mohsen weiß genau, wie die verschiedenen Kaffee-, Mokka- und Espressobohnen, die hier im Laden in großen Säcken stehen, verarbeitet werden müssen.

Adresse ED & FRED Nussdepot, Sonnenallee 73, 12045 Berlin-Neukölln | Öffnungszeiten Mo–Sa 10–20 Uhr | ÖPNV U7, Haltestelle Rathaus Neukölln; Bus M41, 171, Haltestelle Fuldastraße | Tipp Baden unter Kuppeln: Nach dem Vorbild einer antiken Therme gebaut, zählte das Neuköllner Stadtbad, Ganghoferstraße 3, nach seiner Eröffnung 1914 zu den schönsten Bädern Europas.

74 Die Pagode Linh Thuu

Zu Besuch bei Buddha

Gelb ist im Spandauer Gewerbegebiet *die* Signalfarbe. Knallgelb leuchtet der Ikea-Schriftzug von der blauen Wand, zitronengelb ist das Haus des Elektronik-Herstellers auf der anderen Straßenseite. Aber das schönste ist zweifellos das warme Goldgelb der Pagode, einer stillen Oase, hier, wo rundherum Produktion, Lagerung und Großkauf den Ton angeben.

Die Tore unter den geschwungenen Dächern stehen offen. Unter der Woche ist nicht viel los. Niemand ist zu sehen, nur die Mönche aus Stein zwischen den Bäumen und Steinen halten die Stellung. Aber sie verkünden dem Besucher mit ihrem freundlichen Antlitz ihre Einladung: Hier ist ein Ort der Ruhe, ein Ort, an dem man Abstand gewinnen kann von der unablässigen Betriebsamkeit da draußen vor dem Tor. Die Hollywoodschaukel, die an der einen Seite der Pagode steht, unterstreicht diese Botschaft. Auf den kleinen Schildern im Garten stehen Hinweise, vielleicht auch Gebete. Genau wissen kann man es nicht, sie sind auf Vietnamesisch. Nur die Beschriftung des Abfalleimers ist zweisprachig.

Dann öffnet sich im Hinterhof eine Tür. Der Weg zur Gebetshalle im Inneren der Pagode führt unter der Woche der Einfachheit halber durch die Küche. Ein würzig-scharfer Duft begleitet einen ein Stück weit. Nachdem die Schuhe in ein Regal gestellt sind, geht es auf Strümpfen die Treppe hinauf. Der Duft nach Mittagessen nimmt ab und wird schließlich von dem alles ausfüllenden Geruch der Räucherstäbchen überwölkt.

Gütig schaut der riesengroße goldene Buddha in dem hellen Saal auf die Besucher herab. Weitere geschmückte Altäre mit Opfergaben und Buddhas im Lotussitz sind vor ihm aufgebaut. Es gibt viel zu sehen in dem großen Gebetsraum, doch nach und nach beruhigt sich der Geist. Man muss nicht alles verstehen, man kann sich einfach der Ruhe hingeben und sich hier ein bisschen sortieren – bevor es wieder hinausgeht in Berlins größtes Industriegebiet.

Adresse Heidereuterstraße 30, 13597 Berlin-Spandau | **Öffnungszeiten** telefonisch erfragen, Tel. 030/3671128788 | **ÖPNV** S 5, Haltestelle Stresow; Bus M 45, 131, Haltestelle Teltower Straße | **Tipp** Beten und essen: Jeden Sonntag treffen sich die Mitglieder der Buddhistischen Vietnamesischen Gemeinde in der Pagode zum Gebet und zum gemeinsamen Mittagessen. Gäste sind herzlich eingeladen!

75 Paule III

Manpower auf der Müggelspree

Am Wasser endet die kleine Straße. Der einzige Hinweis, dass es doch weitergeht, sind ein Haltestellen-Schild und eine Wartebank. Auf dem Fahrplan stehen die Abfahrtzeiten der F24, die hier auf die andere Seite nach Rahnsdorf übersetzt, immer zur vollen Stunde. Doch dann winkt es vom anderen Ufer – und ein rotes Ruderboot nähert sich über die Müggelspree. Es ist Ronald Kebelmann, der mit wenigen kräftigen Ruderschlägen auf den Steg mit Haltestelle zusteuert. Er hält sich nicht an den vorgeschriebenen Fahrplan, sondern ist immer dann, wenn jemand am Ufer steht, mit Paule III zur Stelle. An warmen Sommertagen fährt er manchmal bis zu 150-mal über den Fluss. Aber er macht es gerne, das merkt man sofort.

»Einen Wunderschönen« begrüßt er die Wartenden und fragt dann mit einem freundlichen Grinsen: »Wollen Se vielleicht rüber?« Seit 100 Jahren bringt die Ruderfähre hier zwischen den Müggelheimer Spreewiesen und Rahnsdorf die Menschen über das Wasser. Die beiden Alternativen, um auf die andere Seite zu kommen, sind entweder der Weg einmal um den Müggelsee herum oder die nächste Brücke flussaufwärts in ungefähr vier Kilometern. Eine Brücke an dieser Stelle würde zwar Sinn machen, wäre aber ein zu starker Eingriff in die Landschaft und den alten Rahnsdorfer Dorfkern – das wurde irgendwann entschieden. Zum Glück, denn die Ruderfähre ist und bleibt etwas Besonderes. Acht Personen oder vier Personen mit vier Fahrrädern passen auf die Paule III. Man rückt zusammen auf der Bank, die Fahrscheine werden abgestempelt, und dann geht es los. Auf der anderen Seite bekommt jeder Fahrgast beim Aussteigen Kebelmanns starke Hand gereicht, bis alle wieder festen Boden unter den Füßen haben.

Und man denkt bei sich: Die Menschen an der Müggelspree scheint so schnell nichts aus der Ruhe zu bringen. Und dann: Hoffentlich bleibt das noch lange so.

Adresse Zur Fähre, Müggelheim, 12559 Berlin-Köpenick | **Öffnungszeiten** Fährzeiten: Saisonbetrieb, April nur am Wochenende, Mai–Okt. Di–So | **ÖPNV** Fähre F23, Haltestelle Kruggasse; Bus X69, Haltestelle Odernheimer Straße (circa 500 Meter Fußweg) | **Tipp** Unterschreiben: Paule III, die letzte Ruderfähre von Berlin, soll demnächst eingestellt werden. Unter www.rahnsdorf.net und vor Ort kann man seine Unterschrift dagegen einsetzen.

76 Die Pelmeni-Welt

Gleich hinterm Ostbahnhof

Der Hermann-Stöhr-Platz ist eine raue Welt. Niemand macht sich die Mühe, die Fläche zwischen Ostbahnhof, Parkplätzen und Kaufhof irgendwie aufzuhübschen. Denn hier hält man sich höchstens so lange auf, bis der Hunger gestillt ist. Und es muss viele hungrige Menschen in der Gegend geben. Der Platz ist zugestellt mit Imbissbuden. Hier findet man alles, und zwar hintereinander weg: Pommes, China-Pfanne, Döner, Broiler.

Und es gibt etwas Besonderes: Pelmeni. Gegenüber vom Kleiderstand, an dem die grell gefärbten Shirts im Wind flattern, betritt man Vladimir Egozovs Reich. In dem selbst gezimmerten Anbau neben seinem Imbiss stehen unter der Zeltplane drei Tische. Aus dem Fernseher schmachtet ein russischer Schlagersänger zu seinen Playbacks, die Neonleuchten sind auch nicht gerade zurückhaltend – aber die Pelmeni sind ein kleines Wunder. In einer köstlichen Suppe mit frischen Kräutern und viel saurer Sahne werden sie serviert. Vladimir Egozov, der Ingenieur aus Riga, schenkt georgischen Wein ein.

Er wundert sich nicht, dass seine Pelmeni gut ankommen. »Es sind die besten.« Er hat sie selbst zubereitet, so wie auch die Soljanka oder das Reisgericht Plov. Egozov erklärt: »Ich beschäftige mich seit 19 Jahren mit Pelmeni. Ich habe Pelmeni auf der ganzen Welt probiert. Es gibt sie in China, in allen Teilen Russlands und den angrenzenden Ländern, außerdem in Italien und New York.« Nur heißen sie eben überall anders.

Wenn er selbst seine »Berlinischen« Pelmeni zubereitet, füllt er sie nicht wie die russischen mit Schwein und Rind, auch nicht wie die sibirischen mit Lamm, Schwein und Rind, er füllt sie mit einem Gemisch aus Lamm, Schwein, Rind und Gans. Das fettige Gänsefleisch – das ist das Geheimnis von Berlins Pelmeni-Experten. Und er verrät seinen Gästen nicht nur das Rezept, sondern auch die ein oder andere Geschäftsidee. Natürlich geht es um Pelmeni …

Adresse Hermann-Stöhr-Platz, 10243 Berlin-Friedrichshain | **Öffnungszeiten** keine festen Öffnungszeiten | **ÖPNV** RE1, RE2, S5, S7, S75, Haltestelle Ostbahnhof; Bus 140, 142, 147, 240, 248, 347, Haltestelle S-Bahn Ostbahnhof | **Tipp** Feiern: Berlin hat schon viele legendäre Clubs kommen und gehen sehen. Also muss man sie nutzen, solange es sie gibt, zum Beispiel das Berghain, Am Wriezener Bahnhof.

77__Der Piano Salon

Tastenläufe auf Schienen

Langsam füllt sich der hintere Teil der ehemaligen Zentralwerkstatt für Straßenbahnen mit Gästen. Lampenschirme mit Kordelbordüren stehen und hängen in allen Teilen des Raumes und verwandeln die große Halle in einen behaglichen Salon. Auf einem Schild an der Wand steht: »Vorsicht – Der Aufenthalt und Verkehr unter schwebenden Lasten ist verboten.« Doch die wenig schweren Lasten, die um das Schild herumhängen, sind verzierte Notenpulte aus Holz. Im Raum wurde etwas Platz geschaffen für die Stuhlreihen in der Mitte, ansonsten ist er vollgestellt bis in die hinterste Ecke: Tastaturen, Klavierhocker, Werkzeugbänke und Pedale, vor allem aber: Klaviere. Über 100 verschiedene Flügel und Pianos, darunter auch einige ganz alte Hammerflügel, stehen hier spielbereit oder warten auf ihre Reparatur.

Ob es die Sammlung an Klavieren war, die sich in der großräumigen Werkstatt irgendwann eingefunden hatte, oder die schräge Decke, die für eine ansehnliche Akustik über den alten Straßenbahnschienen sorgt, oder beides zusammenfiel, ist kaum noch zu sagen – aber inzwischen ist aus den anfänglich vereinzelten Konzertabenden eine regelmäßige Reihe geworden.

Die Gäste melden sich auf der Internetseite an, und ihre Namen werden dann vor Beginn auf den Stühlen verteilt. An der Bar gibt es Rotwein, Bier und andere Getränke, aber keinen Barkeeper. Jeder gibt nach dem Konzert so viel für Musiker und Getränke in eine Geldbüchse, wie er für angemessen hält.

Aber eine neue Erfindung sind diese Abende nicht. Werkstatt-Konzerte gab es schon immer. Denn sie sind für alle Beteiligten etwas Besonderes: Man kann die wirklich großen Pianisten und Kammermusiker ganz nah erleben – und die Musiker können ihr persönliches Programm zusammenstellen und ein passendes oder auch ausgefallenes Instrument aus der Sammlung wählen. Im Vordergrund stehen dann ganz allein die Musik und ihre Interpretation.

Adresse Piano Salon Christophori, Uferhallen, Uferstraße 8, 13357 Berlin-Wedding, www.konzertfluegel.com | **Öffnungszeiten** Reservierungen auf der Homepage | **ÖPNV** S1, S2, S25, Haltestelle Humboldthain (1 Kilometer Fußweg); U8, U9, Haltestelle Osloer Straße; Bus 125, 128, 150, 255, Haltestelle U-Bahn Osloer Straße | **Tipp** Ein Spaziergang an der Panke: Sie fließt direkt an den Uferhallen vorbei und hält so manche verzierte kleine Brücke und versteckte Bank als Überraschung parat.

78 Der Plattenpalast

Eine Berliner Resteverwertung

Die kupferfarbene Tönung der Fensterscheiben erkennt man sofort wieder. Sie ist einzigartig. Nur der Palast der Republik konnte so braunrotrostgolden im Sonnenlicht aufblitzen. Und genauso blitzt es nun schon seit mehreren Jahren hier im Hinterhof und wirft genauso eindrucksvoll die eingekupferte Abendsonne auf die gegenüberliegenden Häuser wie einst der Palast der Republik am Schloßplatz. Nach dem Abriss wurden seine Scheiben hier in dem kleinen Gartenhaus eingesetzt. Aber die Fenster sind nicht die einzigen Bestandteile, die eine Vorgeschichte haben. Die Wände sind Betonplatten aus Marzahner Hochhäusern, die abgerissen wurden. Sie wurden zurechtgeschnitten und wieder neu zusammengesetzt.

Im Grunde genommen sind die Betonplatten der Plattenbauten ja nichts anderes als Klötze aus einem Baukastenset. Und es sind gute Klötze. Deshalb hat der Architekt und Erfinder des Plattenrecyclings Carsten Wiewiorra die aufgeschnittenen Kanten auch nach außen gesetzt. Damit man sehen kann, so Wiewiorra, wie schön die Platten eigentlich sind. Der Plattenbau hat einen schlechten Ruf. Man denkt an gesichtslose Würfel und vergisst leicht, dass noch heute nach diesem Prinzip Häuser errichtet werden. Auch am Potsdamer Platz stehen Plattenbauten.

Das Gartenhaus ist ein Prototyp. Es ist der Versuch, vorhandene Baustoffe nach heutigen ökologischen, energiesparenden Standards einzusetzen. Und das ist hier geglückt. Im Miniformat zwar, aber durchaus einladend. Das macht vielleicht auch das Schrägdach: Es verwandelt das Haus zu einem Häuschen, das Konstrukt zu etwas Wohnlichem.

Im Plattenpalast finden regelmäßig Ausstellungen statt. Vor der Eingangstür kann man noch mehr Reliquien aus alten Kupferfenster-Zeiten entdecken: In einer durchsichtigen Plexiglas-Box sind die Äste der Bäume gestapelt, die nach der Schließung des Palastes auf dessen Dach gewachsen waren.

Adresse Wolliner Straße 50, 10435 Berlin-Prenzlauer Berg, www.plattenpalast.de | **Öffnungszeiten** im Sommer So 15–18 Uhr | **ÖPNV** U 8, Haltestelle Bernauer Straße; Tram M 10, Haltestelle Wolliner Straße; Bus 247, Haltestelle Wolliner Straße | **Tipp** Kunst-Schau: In der ehemaligen Molkerei arbeiten mehr als 40 Künstler. In dem Pavillon im Milchhof, Schwedter Straße 232, im Hof gibt es wechselnde Ausstellungen.

79_Das Relief

Denkmäler für Alltagshelden

Niemand von den Menschen auf der Potsdamer Straße kann sich noch an das Eckhaus erinnern, das hier einmal stand. Schon zu lange klafft dort eine Lücke, das kahle Mauerwerk zog keine Blicke mehr an.

Aber das ist jetzt anders. Inzwischen gibt es hier wieder einen Hingucker: Sven Marquardt. Sein Blick geht über den Betrachter hinweg: ernst, abwägend – und unerbittlich. Für diese Mischung ist er schließlich auch berühmt geworden. Sven Marquardt ist Künstler und Fotograf, vor allem aber ist er Türsteher im Berghain. Und er ist einer von vier Berlinern, die der portugiesische Street-Art-Künstler Alexandre Farto Vhils an Hauswänden dieser Stadt porträtiert hat, und zwar in Form von Mauer-Reliefs. Vhils hat dafür ein Stück der bröckeligen Mauer verputzt und anschließend Teile des Putzes wieder herausgesprengt, sodass das Gesicht wie bei einem Linoleum-Schnitt aus der Wand hervorragt.

Die vier Berliner sind, so wie die meisten Personen, die der Künstler porträtiert, Menschen aus dem Alltag, Menschen, die in der Stadt etwas bewegen, sie verändern – und sie zu dem machen, was sie ist. Früher setzte man den Pionieren ihrer Zeit Denkmäler, heute zieren bekannte Personen unverputzte Wände. Es sind außer Sven Marquardt Fadi Saad – der bekannte Streetworker palästinensischer Herkunft –, Various & Gold – ein Künstler-Duo, das erheblich dazu beigetragen hat, Street-Art in Berlin salonfähig zu machen – und Joe Hatchiban – der Erfinder von Bearpit Karaoke im Mauerpark.

Die Städte prägen ihre Bewohner, und umgekehrt machen die Bewohner sich die Städte zu eigen. Es ist ja vor allem die Mischung der Menschen und ihr Einsatz für die anderen in der Stadt, die diese Dynamik erzeugt, die Berlin ausmacht. Die Denkmäler von Vhils erzählen davon – und gehen sogar noch einen Schritt weiter, weil sie eine Verbindung zwischen totgesagten Ecken und den lebendigen Orten des Wandels der Stadt schaffen.

Adresse Potsdamer Straße/Alvenslebenstraße, 10783 Berlin-Schöneberg | **ÖPNV** U 2, Haltestelle Bülowstraße; Bus M 19, M 48, M 85, 106, 187, Haltestelle U-Bahn Bülowstraße | **Tipp** Marktschreier: Wenn man auf der anderen Straßenseite die Winterfeldtstraße immer weitergeht, kommt man zum Winterfeldtplatz. Jeden Mittwoch und Samstag ist hier Markt.

80_Der Rheingauer Weinbrunnen

Man sieht sich

Jeder Bezirk in dieser Stadt hat seine eigenen Feste. Manche verändern sich im Laufe der Zeit. In Kreuzberg zum Beispiel wird am 1. Mai jetzt nicht mehr randaliert, sondern friedlich zusammen übers Straßenfest geschlendert. Andere hingegen verändern sich wahrscheinlich nie. Auf dem Rüdesheimer Platz wird seit 1967 jedes Jahr das Weinfest gefeiert, und zwar von Mai bis September.

Was zuerst da war, ob nun der Felsbrunnen mit seinen heroischen Statuen oder das Weinfest im sogenannten Rheingau-Viertel, das kann heute wohl niemand mehr genau sagen. Aber eins ist sicher: Der Platz oberhalb des Brunnens ist für den Wein reserviert. Den ganzen Sommer lang kann man hier eine nachbarschaftliche Geselligkeit erleben, wie man sie in anderen Bezirken Berlins lange suchen kann.

Den Weinausschank teilen sich drei Weingüter aus der Region Rheingau-Taunus. In den Bäumen hängen Lichterketten, die grün gestrichenen Biertische sind schon nachmittags gut besetzt – und gegen Abend muss man dann schon eine Weile Ausschau halten nach einem freien Platz. Einige setzen sich mit dem Weinglas auch auf den Brunnenrand. Und dann wird ausgepackt, denn zum Weintrinken am Rüdesheimer Platz bringt man das Essen selbst mit. Viele beginnen mit dem Ausbreiten einer Tischdecke, dann werden Käse, Brot und Kräcker darauf verteilt. Doch das ist noch das wenigste. Nebenan wird mit theatralischer Geste die Alufolie von dem noch dampfenden Flammkuchen gelüpft, ein paar Tische weiter werden Teller mit Risotto verteilt, und drüben an der langen Tafel stellt jeder etwas dazu.

Der Wein ist gut, die Stimmung vergnüglich, man kommt ins Gespräch mit den Tischnachbarn und verabredet sich bestimmt nicht selten auf ein nächstes Mal hier am Brunnen. Am Tisch gegenüber werden fünf Köpfe über einem Reisekatalog zusammengesteckt: »Weinreise an Rhein und Mosel«. Was sonst?

Adresse Rüdesheimer Platz, 14197 Berlin-Wilmersdorf | **Öffnungszeiten** Mai–Sept. 15–22 Uhr | **ÖPNV** U3, Haltestelle Rüdesheimer Platz; Bus186, Haltestelle U-Bahn Rüdesheimer Platz | **Tipp** Berlins Kleinstes: Das »Kleine Theater« hat sich ein Motto gesetzt: Biografien. Es zeigt am Südwestkorso 65, 12161 Berlin, Lebensbrüche berühmter wie auch fiktiver Figuren.

81_Die Ruine der Künste

Der Lauf der Dinge

Zeit spielt eine Rolle – und deshalb hat sie der Künstler Wolf Kahlen in seine größte Skulptur zum Thema Vergänglichkeit als künstlerisches Material fest eingeplant: Er hat die verfallene Villa in bester Dahlemer Lage übernommen, um sie weitestgehend sich selbst und dem Lauf ihrer Dinge zu überlassen. 1982 begann Wolf Kahlen die Ruine von innen zu stützen. Er setzte Fenster ein, schloss das Dach wieder und verlegte schwebende Holzböden. Doch die Hülle sollte unberührt bleiben, so wie sie war, mitsamt den eindrücklichen Einschusslöchern in der Kieselstein-Fassade. Heute recken sich aus den Dachkanten triumphierend kleine Birken in die Höhe, und auf dem Balkon über der Terrasse ist ein Urwald gewachsen. Man kann hier draußen etwas beobachten, was es sonst höchstens in Naturschutzgebieten zu sehen gibt: die langfristige und vollkommen uneingeschränkte Veränderung der Dinge.

Es wird von Jahr zu Jahr schöner, sagt Wolf Kahlen und betrachtet sein Kunstwerk, das gleichzeitig auch zu einem Ort geworden ist, der immer wieder neue Kunst hervorbringt und der seit 1985 viele internationale Avantgardekünstler zu ortsbezogenen Ausstellungen, Performances, Konzerten oder Vorträgen inspiriert hat.

In einer Wohnung im Souterrain ziehen dann zeitweise Künstler ein, um hier vor Ort ein Kunstwerk für denselben zu schaffen. Das Thema ist und bleibt dabei ganz automatisch vorgegeben. In einen Glaskasten in einer inneren Mauer hat Wolf Kahlen »(über Zeit)« in eine feine Staubschicht eingeschrieben, in Klammern, damit auch die letzte Unsicherheit ausgeräumt wird, worum es hier geht.

Die ortsbezogene Kunst in Haus und Garten hat hier in der Ruine dann noch etwas ganz Neues mit sich gebracht: Entschleunigung. Und die spürt man, bei jedem Schritt, im Garten und im Haus. Alle Hast fällt ab, man wandelt umher und ist ganz ungestört, mit sich und seinen Gedanken über die Zeit.

Adresse Hittorfstraße 5, 14195 Berlin-Dahlem | **Öffnungszeiten** nach Vereinbarung, Tel. 030/8313708 | **ÖPNV** U 3, Haltestelle Thielplatz; Bus 110, Haltestelle U-Bahn Thielplatz | **Tipp** Für die Ewigkeit: Der größte Findling von Berlin wurde beim U-Bahn-Bau gefunden. Heute liegt er im Thielpark, Im Schwarzen Grund.

82 Der Rundblickbeobachtungsturm

Ein stummer Zeitzeuge

Der Name des Turms und der Ort, an dem er steht, nämlich mitten zwischen den angesagten Hotspots von Berlin, könnten irreführend sein: Es handelt sich hier nicht etwa um eine Touristenattraktion, die einen hübschen Ausblick über die Stadt verspricht, sondern um einen Grenzturm, der gebaut wurde, um Republikflüchtlinge aus Ostberlin zu erschießen.

Die Schießscharten unter den Fenstern sind inzwischen vom Rost überzogen. Der helle Wachturm liegt versteckt in einer kleinen Sackgasse. Hier befindet man sich, nur wenige Meter vom Potsdamer Platz entfernt, auf einem großflächigen Abseits.

Aber gerade diese Abgeschiedenheit ist es, die den Turm zu einem besonderen Ort der Geschichte macht. Hier kann man noch die Schneise des Todesstreifens erkennen, die durch die Stadt führte und Tag und Nacht von Scheinwerfern ausgeleuchtet war. Menschen, die das zweigeteilte Berlin von damals nicht erlebt haben, zucken mit den Achseln. Den Schauder, der einen überkam beim Anblick des Todesstreifens, des Stacheldrahtes und der Grenztürme, den kann niemand nachvollziehen, der diese Zeit nicht selbst erlebt hat.

Der Grenzturm in der Erna-Berger-Straße ist einer der letzten seiner Art. Fast scheint es so, als sei er vergessen worden, als rund um ihn herum auf den neuen Freiflächen nach dem Mauerfall in einem sagenhaften Tempo ein neues Berlin entstanden ist. Er selbst sieht nicht besonders furchteinflößend aus. Es sind auch nicht die Fenster oder die Schießscharten, die bedrohlich wirken – das, was wirklich schreckliche Bilder hervorruft, ist der große Suchscheinwerfer auf seinem Dach.

Der Turm vom Typ BT 6 heischt nicht um Aufmerksamkeit, er steht dort ganz für sich und erinnert daran, dass die Menschen auf der einen Seite der Mauer nicht frei waren.

Adresse Erna-Berger-Straße, 10117 Berlin-Mitte | ÖPNV S1, S2, S25, Haltestelle Potsdamer Platz; U2, Haltestelle Potsdamer Platz; Bus M41, Haltestelle S+U-Bahn Potsdamer Platz | Tipp Die Kaugummi-Mauer: Als Kontrast zu dem versteckten, würdigen Gedenkort an Grenzzeiten: Am Potsdamer Platz wird die Berliner Mauer über und über mit Kaugummi beklebt.

83__Der runde Hinterhof

Das versteckte Unikum

Auf einem Blog über Berliner Hinterhöfe kann man wählen zwischen: Grüne Oasen, Kreative Hinterhöfe, Trostlose Höfe, Hinterhofverschönerungen, Höfe mit Geschichte und Blumige Höfe. Und es ist ein Vergnügen, die Fotos auf der Internetseite anzusehen mit ihren hübschen Entdeckungen, die einem normalerweise von der Straße aus verborgen bleiben.

Auf dem eigenen Hinterhof bekommt man zu jeder Tages- und Nachtzeit mit, was sich im Leben der Nachbarn abspielt – und natürlich auch umgekehrt. Betritt man einen fremden Innenhof, dann ist das, als schaue man heimlich und unerlaubterweise durch ein Schlüsselloch.

Nach der Jahrhundertwende entwickelte sich in Berlin immer mehr ein Prototyp für Mietshäuser: das repräsentative Vorderhaus mit zwei Ladengeschäften, dahinter zwei Seitenflügel und ein Quergebäude. So war der Hinterhof von allen vier Seiten geschlossen. Aber es gab Ausnahmen: Der Hinterhof in der Schönhauser Allee, Ecke Kuglerstraße passt eigentlich nicht in die oben erwähnte Kategorie des Berlin-Blogs. Er ist ein Unikum. Schon das Eckhaus zeigt, dass hier ein Baumeister allen üblichen Gesetzmäßigkeiten trotzen wollte. Es war Maurermeister Lappien, der 1903 an dieser Straßenecke eine blechverkleidete Dachkuppel auf das neue Haus setzte, die alle anderen Dächer überragte. Wenn man durch das Treppenhaus zur Hintertür geht – und man merkt schon im Treppenhaus, dass hier irgendetwas anders ist, als man es gewohnt ist –, dann tritt man in einen vollkommen runden Innenhof.

Der Blick geht vorbei an den üppigen Jugendstilelementen, streift den ungewöhnlichen transparenten Verbindungsbau, durch die Bögen in die dahinterliegenden Höfe – und geht, ohne an irgendwelchen Ecken hängen zu bleiben, immer weiter nach oben, bis er sich im Himmel verliert. Vielleicht bald bei Ihrem Buchhändler: »111 Hinterhöfe in Berlin, die man gesehen haben muss« …

Adresse Schönhauser Allee 88, 10439 Berlin-Prenzlauer Berg | **ÖPNV** S 8, S 9, S 41, S 42, S 85, Haltestelle Schönhauser Allee; U 2, Haltestelle Schönhauser Allee; Tram M 1, M 13, 50, Haltestelle Schönhauser Allee/Bornholmer Straße | **Tipp** Selbstgebackenes: In der ältesten Bäckerei Berlins kommen die Schrippen noch frisch aus dem Ofen. Dafür steht man samstags auch mal bei der Bäckerei Siebert, Schönfließer Straße 12, in der Schlange.

84_Der Russische Friedhof

Ein Fleck Heimaterde

Durch das Gewerbegebiet rauscht die Autobahn Richtung Hamburg aus der Stadt hinaus, und darüber dröhnen die Flugzeuge hinweg. Doch mittendrin in dieser ganz und gar ungemütlichen Ecke der Stadt gibt es einen Ort, den all das Getöse rundherum nicht stören kann: den Russisch-Orthodoxen Friedhof von Berlin. Man tritt durch das Tor mit den schweren Glocken unter dem schönen holzverzierten Giebeldach und wird sich sogleich der Ehrwürdigkeit dieses Ortes bewusst.

Der Weg führt unter alten Bäumen direkt auf die Friedhofskapelle St.-Konstantin und Helena zu. Die fünf blauen Kuppeln schimmern schon von Weitem märchenhaft durch das Grün der Blätter. Und was man nicht wissen kann: Man läuft hier in Tegel auf russischer Erde. Zar Nikolaus II. ließ nämlich 1894 mit der Bahn 4.000 Tonnen russischer Erde nach Berlin bringen – damit die Gläubigen in Heimaterde begraben werden konnten.

Über den Kuppeln der Kirche ragen die orthodoxen Kreuze mit den drei Balken in ein Himmelsfenster, das die Baumkronen rundherum für sie öffnen. Die Friedhofskirche ist der großen Moskauer Basilius-Kathedrale auf dem Roten Platz nachempfunden, nur eben viel, viel kleiner. Auch das Innere wirkt wie eine prächtige Kathedrale, aber auf einen winzigen Raum zusammengeschrumpft. Goldene Ikonen und Malereien schmücken die Wände, auf den Bänken sitzen Gläubige und beten, andere zünden eine Kerze an. Neben der Tür ist ein kleiner Devotionalien-Shop auf einem Tisch aufgebaut. Und dass sich hier Alltag und Anbetung nicht ausschließen, zeigt der Wickeltisch, der auf der anderen Seite der Eingangstür steht.

Der Ort ist ein Stück Heimat für viele Menschen. Je weiter man von zu Hause entfernt ist, desto bedeutender wird es schließlich. Manchmal können eine Kathedrale in Miniformat und die Heimaterde unter den Füßen schon große Dienste leisten. Nicht nur für die Verstorbenen.

Adresse Wittestraße 37, 13509 Berlin-Reinickendorf | Öffnungszeiten täglich 10–16 Uhr (13–13.30 Uhr Mittagspause) | ÖPNV U 6, Haltestelle Holzhauser Straße; Bus X 33, 125, Haltestelle Holzhauser Straße/Wittestraße | Tipp Noch mehr Russland in Berlin: Der Supermarkt Intermarkt »Stolitschniy« in der Landsberger Allee 116, 10369 Berlin, hält alle Zutaten parat, die man für einen russischen Abend braucht.

85 Die Schilder-Meile

Das St. Pauli von Berlin

»Was brauchst du?«, »Was suchst du?«, raunt und flüstert es von verschiedenen Seiten, sobald man in die Kopfsteinpflasterstraße eingebogen ist, die oberhalb des gutbürgerlichen Bergmannkiezes entlangführt. Man hat völlig unvorbereitet einen ganz eigenen Kosmos betreten. Doch was hier feilgeboten wird, sind keine Drogen oder käufliche Liebe, sondern – Schilder. Genauer gesagt: Kfz-Kennzeichen.

Was ist ein Nummernschild wert? Wer weiß das schon so genau, wenn er mit seiner neuen Zulassung die backsteinerne Polizeibehörde verlässt. Doch kaum hat man sich in Gedanken diese Frage gestellt, ist man bereits umkreist von den Händlern, die ihre Sonderleistungen und Top-Angebote anpreisen. Gegenüber der offiziellen Zulassungsstelle reihen sich die Container aneinander, von deren Dächern blinkende Nummernschilder, allerneueste Preisangebote und unterschiedlichste Versicherungszugaben flackern. Neben den zu erwartenden Zulassungsdiensten für das Auto gibt es nämlich auch Krankenversicherungen, Hundehaftpflicht-Versicherungen, Kurzzeitversicherungen und Kurzzeitkennzeichen sowie »neue Führerscheine«. Außerdem Zoll-Papiere, und an einer geschlossenen Containertür steht tatsächlich: Gold-Ankauf.

Und noch etwas fällt auf, es gibt die Angebote in allen möglichen Sprachen: Kyrillische Schilder und blinkende türkische Flaggen versprechen Hilfe bei Zollfragen und den spezifischen behördlichen Anforderungen der jeweiligen Länder.

Dabei sind die richtig wilden Schlepper-Zeiten bereits passé. Noch vor einigen Jahren versuchten sich die Schilder-Händler hier mit allen Mitteln gegenseitig auszustechen. Inzwischen sind die Preise eigentlich bei allen Anbietern gleich, und die Preislisten hängen sogar aus.

Nur wie sie dort hingekommen sind, fragt man sich trotzdem: Die Container stehen nämlich allesamt auf dem Grundstück des Friedhofs – und das gegenüber von der Polizeistation!

Adresse Jüterboger Straße, 10965 Berlin-Kreuzberg | **ÖPNV** U 7, Haltestelle Gneisenaustraße (500 Meter Fußweg); Bus 248, Haltestelle Jüterboger Straße | **Tipp** Italienischer Kaffee: Im »Caffè degli Artisti«, Fidicinstraße 44, gibt es sardische Spezialitäten und außerdem Ausstellungen, Lesungen und Konzerte.

86 Schloss Biesdorf

Alte und neue Wirklichkeiten

Die uralten Bäume im Park scheinen das verwunschene Schloss auf der Anhöhe beschützen zu wollen vor der Welt dort unten, den lauernden Gefahren und lauten Straßen. Das rosa Gebäude sieht aus, als wäre es aus der Toskana zwischen Zypressen und Olivenhainen abgepflückt und hier neben der größten Straßenkreuzung von Marzahn aus Versehen fallen gelassen worden.

Da die obere Etage nach dem Krieg nicht wieder erneuert wurde, ragt der Turm nun völlig frei stehend in die Höhe. Die winzigen Balkone vor dem Mini-Turmzimmer werden von mächtigen Widder-Göttern getragen. Und schon ist man eingetaucht in die Zeit, als Werner von Siemens hier in dem kleinen Dorf vor Berlin lebte – und forschte. Es heißt, oben am Turm hätte Siemens Versuche zur drahtlosen Telegrafie durchgeführt, und zwischen den alten Bäumen im Park soll die erste elektrische Eisenbahn Probe gefahren sein.

Aber die Zeitreise wird jäh unterbrochen. Alle romantischen Illusionen vom Leben im Schloss sind wie weggefegt, sobald man das Innere betritt. Und es wird einem sofort klar: Die Zeit ist nicht stehen geblieben. Man erwartet, passend zur Hülle, knarrende Dielen, Ölbilder und dicke Vorhänge. Aber man findet zweckdienlich renovierte Räume, die täglich genutzt werden. Eine Kreativwerkstatt und Veranstaltungsräume, in denen sich unter anderem die Senioren zum Turnen treffen. Durch die Fenster blickt man in den Park. Das Schloss ist ein schöner Ort, um die Gemeinschaft hier im Bezirk zu stärken, und hat Platz für alle.

Inzwischen scheint auch das Geld für den Umbau oder besser: Rückbau der Räume aufgetrieben worden zu sein. Die Bauarbeiten beginnen demnächst. Sogar ein neues Obergeschoss soll das Haus bekommen. Im Schloss Biesdorf wird die Zeit wieder zurückgedreht – und das hat es bestimmt verdient. Es bleibt zu wünschen, dass es auch in Zukunft ein Ort für die Menschen aus der Nachbarschaft bleibt.

Adresse Schloss Biesdorf, Alt-Biesdorf 55, 12683 Berlin-Marzahn | **ÖPNV** S 5, Haltestelle Biesdorf; Bus X 69, 154, Haltestelle Schlosspark Biesdorf | **Tipp** Freiluftkino: Die Biesdorfer Parkbühne zeigt im Sommer Filme unter den alten Bäumen im Schlosspark.

87_Der Schlüssel-Baum

Das Geheimnis von Stralau

Die Halbinsel in der Spree war schon immer ein beliebtes Ausflugsziel der Berliner. Nun ist auf der ehemaligen Fischerinsel und dem späteren Industriestandort eine ganz neue Siedlung entstanden. Die würfeligen Neubauten reihen sich auf der Inselmitte hintereinander weg. Aber am südlichen Ufer unter den alten Bäumen herrschen wie eh und je: das Wasser, die Luft und ein weiter Blick.

Wenn man den Weg immer am Ufer entlang Richtung Inselspitze geht, gelangt man kurz hinter der Karl-Marx-Gedenkstätte zu einer Ufer-Ausbuchtung, die beinahe wie ein kleiner Balkon über die Spree hinausragt. Der Grund hierfür ist eine riesengroße alte Platane. Und sie ist es auch, die das ungelöste Geheimnis der Halbinsel bewahrt. Schon seit vielen ungezählten Jahren hängt hier ein großer Schlüssel an dem dicken Drahtring, der fest im Stamm eingewachsen ist. Der Schlüssel ist alt, rostig und groß. Es muss eine bedeutende Tür gewesen sein, die sich mit ihm öffnen und schließen ließ. Hat man ihn einmal entdeckt, lässt er einen nicht mehr los.

Die Phantasie lässt sofort Bilder und Geschichten im Kopf entstehen: eine heimliche Liebe, die Flucht in den Westen, Schmuggelware in einem versteckten Bootshaus, in jedem Fall aber ein Versprechen. Man vermutet aber auch, dass etwas schiefgegangen sein muss, der Schlüssel hängt ja schließlich noch an Ort und Stelle. Und wenn man schon den Schlüssel entdeckt hat, sieht man vielleicht auch die zweite Überraschung, die der Baum am Ufer bereithält: Aus dem Astloch auf halber Höhe des Stammes wächst unbeirrt ein Holunderbusch in die Höhe.

Umrundet man die Insel, erreicht man am nördlichen Ufer die Stelle, an der zwischen all den alten Industriekähnen die Traumszene für den Film »Die Legende von Paul und Paula« gedreht wurde. Die Schiffe und Wracks sind nicht mehr da – aber am Ufer steht eine Bank, die Paul-und-Paula-Bank.

Adresse Uferweg Höhe Alt-Stralau 22b, 10245 Berlin-Friedrichshain | **ÖPNV** S 8, S 9, S 41, S 42, Haltestelle Treptower Park; Bus 104, 347, Haltestelle Tunnelstraße | **Tipp** Das alte Stralau: Der weiße Kirchturm auf der Inselspitze hat nicht standhalten können – er hat sich zur Seite geneigt. Der Friedhof am Wasser mit den Bänken am Ufer lohnt einen Besuch.

88 Der Schrotkugelturm

38 Meter freier Fall

Es wirkt wie eine Collage: Mitten auf den Altbau-Dächern ragt ein schmaler Turm in die Höhe. So wie in Oberitalien die mittelalterlichen Geschlechtertürme, die an fast jedem Haus drankleben. Aber dieser Turm war nie bewohnt und diente auch nicht der Familienverteidigung. Räume und Stockwerke gab es keine, nur ein Oben und ein Unten. Denn hier wurden Schrotkugeln hergestellt, und zwar im freien Fall.

Über die alten Holztreppen kann man noch heute nach oben klettern, immer an der breiten Röhre entlang, durch die einst die Bleitropfen gerast sind. Die Bleiplatten mussten zuerst per Flaschenzug nach oben auf den Turm gehievt werden, dort wurden sie über dem Ofen erhitzt und das flüssige Blei durch einen Sieb gepresst. Unten landeten die im Flug gehärteten Kugeln dann im Wasser. Das muss ein unglaubliches Geprassel gewesen sein. Die Menschen hier in der Victoriastadt nannten ihren Turm schon bald nur noch den »Schrothagelturm«.

Oben im Turmstübchen liegt die große Kelle, mit der hier bis 1939 das flüssige Blei hinuntergegossen wurde. Bis zur Dachluke sind es jetzt nur noch fünf Leitersprossen, dann steht man ganz oben auf dem schlanken Turm. Der Himmel ist knallblau, und die Schäfchenwolken ziehen über die Rummelsburger Bucht in Richtung der großen Kraftwerk-Schornsteine. Berlin von oben – aus einer ganz ungewohnten Perspektive.

Neben dem Schrotkugelturm steht noch ein besonderes Haus in der Nöldnerstraße: Nummer 19 ist eines der ersten Betonhäuser der Welt. Als Architekt Türrschmidt 1872 begann, dieses Quartier in Lichtenberg zu planen, wagte er ein Experiment: Er baute Häuser aus Schlackbeton. Es ging schneller und kostete nur die Hälfte eines herkömmlich gemauerten Hauses. Rund 40 zwei- und dreigeschossige Betonhäuser wurden in dem neuen Stadtviertel errichtet. Die ersten weltweit. Sechs von ihnen stehen noch heute.

Adresse Nöldnerstraße 15/16, 10317 Berlin-Lichtenberg | **Öffnungszeiten** Führungen unter info@berlin-industriekultur.de | **ÖPNV** S 3, Haltestelle Rummelsburg; Tram M 21, Haltestelle S-Bahn Rummelsburg; Bus 194, 240, Haltestelle Marktstraße | **Tipp** Auf Zilles Spuren: In der Victoriastadt hat Heinrich Zille seine Jugend verbracht. Viele Details in dem Alt-Berlinischen Quartier erinnern noch immer an Zille-Zeichnungen.

89_Die Schuhputzfabrik

Industrieromantik pur

Jeder kennt das gelbe Haus. Jeder ist schon unzählige Male daran vorbeigekommen. Fährt man über die Berliner Stadtautobahn von Süden Richtung Flughafen Tegel, steigt die Autobahntrasse irgendwann an. Auf der linken Seite erhebt sich dann die rot geklinkerte Siemensstadt mit ihren Schornsteinen und dem Turm mit der großen Uhr. Ungefähr auf gleicher Höhe erscheint rechts das gelbe Haus. »KLUWE« steht für die Autofahrer sichtbar über die ganze Seitenwand gepinselt, neuerdings ist die Werbung auf der Hauswand abends sogar beleuchtet.

Und weil man so nah daran vorbeifährt und nicht selten im stockenden Verkehr steckt, sieht man also hin und wieder in die großen Fenster im obersten Geschoss des Industriegebäudes – und fragt sich, wo dieses Haus an der Autobahn eigentlich steht. Denn das kann man von oben nicht sehen.

Es lohnt sich, einmal die nächste Ausfahrt zu nehmen und von dort auf den Nonnendamm zu fahren, bis die Straße vermeintlich aufhört. Erst auf den zweiten Blick sieht man: Sie geht noch weiter, nämlich über eine geschwungene Brücke, die keinen Gegenverkehr erlaubt. Dahinter führt sie dann unter der Autobahn zwischen den enormen Pfeilern hindurch – und man landet, ohne recht zu wissen, wie, auf einer Insel mitten in der Spree. Das Eiland hat keinen Namen, und nur ein Haus steht in seiner Mitte: das gelbe »Kluwe-Haus«. Früher war hier eine Schuhputzfabrik. Heute sind die Etagen an Künstler vermietet.

Die Wiesen sind grün, die Spree fließt, die Autobahn rauscht, und dahinter steigt vor der untergehenden Sonne der Rauch aus den Schornsteinen im Spandauer Industriegebiet. Alles andere ist mit einem Mal ganz weit weg. Vielleicht ist es ja gerade das, was eine romantische Stimmung ausmacht. Der Moment wirkt so stark, dass alles andere unwichtig wird. Ob das nun ein Sonnenuntergang am Meer oder vor einer Autobahnbrücke ist, spielt dabei keine Rolle.

Adresse Nonnendamm 17, 13627 Berlin-Charlottenburg | ÖPNV U 7, Haltestelle Halemweg; Bus 123, Haltestelle U-Bahn Halemweg (10 Minuten Fußweg) | Tipp Der Rundweg: Man kann, immer am Ufer entlang, einmal um die Insel ohne Namen herumlaufen. Die Gefahr, sich zu verlaufen, besteht nicht.

90_Der Scube Park

Komm, lass uns ausziehen

Eine Wiese unter alten Bäumen, es ist warm, die Sonne scheint. Auf der Wiese stehen 30 hölzerne Würfelhäuser, alle gleich groß. Und plötzlich sind die Bilder einer längst vergessenen Bilderbuchgeschichte aus der Kindheit wieder da, in welcher ein Riese in einem normalen Haus übernachten muss: Auf der einen Seite des Hauses ragt der Kopf hinaus, der nicht gerade glücklich zum Himmel schaut, und auf der anderen Seite seine Beine mit den großen Füßen.

Man kommt sich erst etwas ungelenk vor beim Betreten des Holzkubus. Doch dann merkt man schnell, dass man sich – ganz im Gegensatz zum Riesen im Normalhaus – sofort wohlfühlt. Das liegt wahrscheinlich daran, dass es hier keinen Überfluss gibt, alles ist auf das Wesentliche reduziert: Bett, Nachttisch, Lampe, fertig, gut.

Man kann eine Seite des Würfels öffnen und so die Welt vor der Hütte zum Teil des Schlafzimmers werden lassen. Es duftet nach frisch verarbeitetem Holz, und die Grashalme kitzeln unter den Fußsohlen. Und genau wie beim Zelten oder ganz früher beim Höhle-Bauen passiert durch die Verkleinerung etwas: Alles andere wird unbedeutend, weil man hier ein neues, kleines und vor allem reduziertes Reich hat.

Es wundert einen dann auch gar nicht mehr, dass nicht nur Touristen hier in den »Scubes« schlafen, sondern auch viele Berliner, als Pärchen oder in größeren Gruppen. Sie alle wollen mal raus. Und dass sie dafür nicht weit fahren müssen, sondern eigentlich nur bis zum Freibad in der Nähe, ist ihnen nur recht.

Ein Mini-Trip mit Erholungs-Garantie. Es tut gut, sich hin und wieder mal von seinem Ballast zu lösen, und sei es auch nur für eine Nacht.

Und damit man nicht ganz abhebt, liegen die feinen Neuköllner Wohnwürfel direkt neben dem Sommerbad am Columbiadamm. Da bleibt der Bezug zur Realität erhalten, man muss nur über den Zaun blicken – oder eine Runde schwimmen gehen.

Adresse Columbiadamm 160, 10965 Berlin-Neukölln, www.scube-parks.de | **Öffnungszeiten** Buchung auf der Homepage oder unter Tel. 030/69807841 | **ÖPNV** U 8, Haltestelle Boddinstraße (circa 500 Meter Fußweg); Bus 104, Haltestelle Sommerbad Neukölln | **Tipp** Ein eigener Würfel: Einen »Scube« kann man auch als Bausatz kaufen. Er ist zwar nicht ganz billig, aber eben kompakt und von Dauer (info@scube-parks.de).

91 Der Selbstmörderfriedhof

Auf Leben und Tod

Einen Ort, der so heißt und mitten im Wald liegt, stellt man sich schön schaurig vor: verfallene Grabsteine im trüben Nebel, uralte, ächzende und knarrende Bäume rundherum, ansonsten kein Mensch, kein Tier weit und breit. Diese Stimmung würde so gut passen, um die traurigen Schicksale der Menschen widerzuspiegeln, die in ihrem Leben keinen Ausweg mehr gesehen haben.

Doch schon auf dem Weg zum Friedhof muss man sich eingestehen: Zu spüren ist vor allem die allumfassende tröstliche Ruhe des Waldes. Auf den Grabstätten dann liest man immer wieder die Inschrift: »Unbekannter«.

Zuerst gab es hier Gräber – ohne Grabsteine. Es waren vor allem die Wasserleichen aus der Havel, die am Knick vor der Bucht am Schildhorn an Land gespült und dann hier begraben wurden. Die Kirche erlaubte keine Bestattungen von Selbstmördern, und so mussten sich eben die Förster um die angeschwemmten Toten kümmern. Sie trugen sie in den Wald und verscharrten sie irgendwo hinter der ersten Anhöhe. Das sprach sich rum, und die Angehörigen der Toten begannen irgendwann, im Wald Grabsteine für die Verstorbenen aufzustellen. Fünf große hölzerne Andreaskreuze mit kyrillischen Buchstaben fallen sofort auf. Es sind die Gräber von zarentreuen Russen, die sich nach der Oktoberrevolution in der Havel gemeinsam das Leben genommen haben. 1920 wurden die Grabstätten dann mit einer Mauer und einem Tor versehen und offiziell zum Friedhof erklärt. Unter Eiben fast ganz versteckt liegt Nico begraben, die eigentlich Christa Päffgen hieß. Das Grab der Sängerin ist über und über geschmückt. In einer durchsichtigen Box stecken Nachrichten an die Verstorbene.

Die Grabmäler für die unbekannten Toten aus der Havel und die Briefe am Grab von Nico – der Friedhof im Wald ist ein Ort, an dem man den Verstorbenen nahe sein kann, denen, die bestattet sind, und allen anderen auch.

Adresse Friedhof Grunewald-Forst, Schildhornweg 33, 14193 Berlin-Wilmersdorf | **ÖPNV** Bus 218, Haltestelle Havelweg (circa 700 Meter Waldspaziergang) | **Tipp** Tour mit Schwan: An der Havel kann man im Wirtshaus SCHILDHORN, Straße am Schildhorn 5, auf der malerischen Terrasse sitzen – oder sich ein Schwan-Tretboot leihen.

92_Die Skyline-Cafeteria

Naseplattdrücken über der Stadt

Es ist eine Wucht. Wer zum ersten Mal hier im 20. Stock aus dem Fahrstuhl tritt, den haut es um. Und dann bleibt er wahrscheinlich erst mal für eine ganze Weile, gefesselt von diesem ersten Eindruck, an dem großen Fenster neben den Fahrstühlen stehen. Hier stört kein Rahmen oder Schnörkel, nichts lenkt ab vom Wesentlichen – dem Blick über die Stadt. Und dass hier voller Eifer und Hingabe auf die breiten Achsen, die den Ernst-Reuter-Platz vom Westen her ansteuern, hinuntergeguckt wird, das bezeugen die Nasenabdrücke, die in einer Reihe auf dem Glas zurückbleiben. Kleine Nase neben dicker Nase, Nase mit Mund neben verwischter Nase und weiter unten zwei kleine Kindernasen.

Dann folgt schon bald der zweite Sinneseindruck hier oben im Telefunken-Hochhaus, nachdem der Rausch des ersten abgeklungen ist – es ist der vertraute Mensa-Geruch: eine Mischung aus gekochtem Fleisch, Soße und Mehlspeise. Und hinter der Glastür in der Cafeteria der Technischen Universität folgt nun auch das dazugehörige Geschirrgeklapper, das Stimmengesurr und das »Mahlzeit« an der Essensausgabe, das jede luftige Träumerei mit einem Schlag wieder auf den Boden der Tatsachen zurückholt.

Das Telefunken-Haus ist mit seinen 22 Stockwerken das höchste weit und breit. Das heißt, man sieht nicht auf irgendeine Skyline, sondern man blickt von oben auf die Stadt hinunter – und zwar rundum. In den Toiletten der Mensa kann man durch das Panoramafenster zusehen, wie die dicken Schornsteine der Siemensstadt weiße Rauchwolken ausspucken – und sich der Himmel über das riesengroße Häusermeer wölbt und die Stadt umschließt.

In den übrigen Etagen des Hochhauses wird hauptsächlich nach neuen technischen Erfindungen geforscht, was das erhabene und fortschrittsverbundene Gefühl des Besuchers im Obergeschoss – im Moment über Nudeln mit Soße und Salatschüsselchen gebeugt – noch verstärkt.

Adresse Cafeteria TU »Skyline«, Ernst-Reuter-Platz 7, 10587 Berlin-Charlottenburg | **Öffnungszeiten** Mo–Fr 7.30–16.15 Uhr | **ÖPNV** U 2, Haltestelle Ernst-Reuter-Platz; Bus M 45, X 9, 245, Haltestelle U-Bahn Ernst-Reuter-Platz | **Tipp** Die Mittelinsel: Die Bänke am Brunnen erreicht man über den U-Bahnhof Ernst-Reuter-Platz.

93__Das Sockelgeschoss

Die Kathedrale der Skulpturen

Die kleine blassgrüne Stahltür in der Rückwand der Mauer ist leicht zu übersehen. Vor allem, weil der Blick hier oben auf Fernsicht eingestellt ist: Man sieht hinweg über die Dächer der Stadt, die Kuppeln und Kirchtürme, die in das Blau des Himmels hineinpiksen – genau wie das Kreuz ganz oben an dem Turm auf der Bergspitze. Karl Friedrich Schinkel entwarf das Nationaldenkmal mit dem Kreuz, das dem Bezirk seinen Namen gegeben hat, nachdem die französischen Truppen geschlagen und die Besatzung Napoleons endgültig zu Ende war.

Man kennt vielleicht den Blick, und man kann die Geschichte des Denkmals auf einer Tafel nachlesen, aber nur wenige wissen, dass es auch noch einen Unterbau gibt, das sogenannte Sockelgeschoss. Und der Eingang befindet sich hinter jener blassgrünen Tür an der Rückseite des Monuments.

Man muss sich erst gewöhnen an das Dämmerlicht und die Kälte hier im Inneren des Kreuzbergs. Und an die Höhe: Das hohe imposante Gewölbe steht im starken Kontrast zu dem kleinen Durchschlupf, den die Tür einem gewährt hat. Die Deckenbögen erinnern an eine Kathedrale. Und dann nimmt man auch sie wahr: Rundherum stehen, sitzen und lehnen Statuen. Und jede einzelne erzählt ein Stück Berliner Geschichte.

Hinter einem zufrieden dreinblickenden Ritter gibt es einen besonderen Schatz zu entdecken: den Münzfries von J. G. Schadow. Griechische Sagen werden hier als eine Art dreidimensionale Fortsetzungsgeschichte in Lebensgröße erzählt. Einer Tat folgt die Konsequenz, Bild für Bild. Unter anderem wird dargestellt, wie die Menschen – mit Erlaubnis der Götter, versteht sich – Metalle sammeln, einschmelzen und daraus Münzen prägen. Das Sandstein-Relief schmückte nämlich einmal die Berliner Münze am Werderschen Markt.

Und weiter hinten liegen neben Pferdeköpfen zwei lose Arme und andere Körperteile: Es sind die Gipsabdrücke der Quadriga.

Adresse Kreuzbergstraße, 10965 Berlin-Kreuzberg | Öffnungszeiten Führungen organisiert das Bezirksamt Friedrichshain in den Sommermonaten, Tel. 030/902982624 | ÖPNV U 6, Haltestelle Mehringdamm (circa 500 Meter Fußweg); Bus 140, Haltestelle Kreuzberg/Wasserfall | Tipp Gipfelstürmerstimmung: Die »Xberghütte« liegt ein wenig versteckt hinter dem Kreuzberg-Denkmal – ein perfekter Ort für Sundowner, Appetizer und Absacker, kurz: für jeden Anlass!

94 Das Spitteleck

Die erste Leuchtreklame in Ostberlin

Der Wohnblock mit den geriffelten Betonmauern vor den Balkonen steht genau dort, wo die Leipziger Straße einen Knick macht. 1986 wurde das Spitteleck mit seinen 295 Wohnungen, zwei Kinderkrippen, Läden und Gaststätten mit dem Architekturpreis der DDR ausgezeichnet. Dann fiel die Mauer. In den ersten Wochen war die Teilung der Stadt vor allem nachts noch unübersehbar: Während im Westberliner Zentrum die Reklamen in allen Farben an Häusern und Leuchttafeln flackerten, lagen die Straßen und Plätze im Ostteil der Stadt im Schummerlicht da. Das sollte auch noch einige Zeit so bleiben. Bis auf eine Ausnahme.

Als ob es darum ginge, die Fahne des eigenen Imperiums in die Erde des neu eroberten Territoriums zu stecken, brachte Coca-Cola auf dem Dach des Spitteleck, umgeben von all den Hochhaus-Blöcken, welche die Leipziger Straße bis zum Alexanderplatz säumen, eine riesengroße Reklametafel an. Der genaue Zeitpunkt lässt sich nicht mehr feststellen, man findet Angaben wie: »noch im November 1989«, »ein paar Tage nach der Grenzöffnung« oder »direkt nach dem Mauerfall«. Und von da an leuchtete das Sinnbild des Imperialismus und Kapitalismus rot hinauf in den nächtlichen Himmel von Ostberlin und verkündete unmissverständlich den Anbruch einer neuen Zeit.

Doch viel hat sich hier seither nicht bewegt. Auch heute noch ist Coca-Cola die größte Leuchtschrift weit und breit an der sechsspurigen Leipziger Straße. Die Hochhäuser ragen farb- und konturlos hintereinander weg in die Höhe. Nur wer hier wohnt, kennt die Fußwege, die Spielplätze und kleinen Parks zwischen den Wohnblöcken. Die Läden neben der Gaststätte »Spitteleck« stehen leer, darüber ragt eine kleine Deutschlandfahne über die Balkonbrüstung. Wie ein vergessenes Stück aus einer anderen Zeit, einer Zeit der Euphorie. Wahrscheinlich noch von der Fußball-Weltmeisterschaft – oder vielleicht doch schon viel, viel älter?

Adresse Seydelstraße 37, 10117 Berlin-Mitte | ÖPNV U 2, Haltestelle Spittelmarkt; Bus M 48, 147, 265, 248, Haltestelle U-Bahn Spittelmarkt | Tipp Die Glücksmaus: Gegenüber auf der Brücke steht das Denkmal der heiligen Gertrud. Eine Maus zu ihren Füßen ist vom Anfassen ganz blank. Ob das gegen Mäuse hilft – oder einfach Glück bringt?

95 Die Splanemann-Siedlung

Die erste Platte Deutschlands

Das Brombeer-Rost-Rot-Braun fällt sofort auf. Eine Farbe, die einerseits vollkommen überzogen und gleichzeitig gedeckt wirkt – es fällt schwer, sie zuzuordnen. Genauso wie die Gebäude selbst, die in dieser Farbe gestrichen sind: Die zweigeschossigen Giebel-Reihenhäuser sind alle identisch, bis in das letzte Detail.

Es ist die erste Plattenbausiedlung Deutschlands. Ein bauliches Experiment, das in den 1920er Jahren den Wohnungsnotstand nach dem Ersten Weltkrieg schnell beheben und das Bauwesen revolutionieren sollte – und damit auf ganzer Linie scheiterte. Das industrielle Bauen, so lautete das nüchterne Ergebnis nach dem Bau der Siedlung, sei zu umständlich, zu schwer und zu teuer. Dabei hatte sich das Stadtrat und Architekt Martin Wagner ganz anders vorgestellt. Die 7,5 mal drei Meter großen Platten wurden hier in Lichtenberg vor Ort gegossen und trockneten dann ungefähr zehn Tage lang an der frischen Luft, bevor sie mit Hilfe eines Krans zusammenmontiert wurden. Aber das Ergebnis kam überhaupt nicht gut an. Das gleichförmige Aussehen der Fassaden wurde als »unerträglich« empfunden.

Ab den 1950er Jahren wurde das Einheitliche dagegen immer populärer, rund um die leuchtenden Giebel der kleinen Splanemann-Siedlung ragen die standardisierten Platten-Hochhäuser der DDR in die Höhe. Ganze Viertel mit kompletter Infrastruktur, Läden, Kindergärten und Verkehrsanbindung entstanden in den 1970er Jahren hier im Nordosten der Stadt.

Neben den Riesen und den Kleinen gibt es gleich nebenan auch noch die Zwerg-Platten. Geht man die Friedenhorster Straße ein Stück weiter, an den Garagenplätzen vorbei und unter dem Bahndamm hindurch, erreicht man eine weitflächige Laubenkolonie. Hier ist auch vieles aus den unterschiedlichsten Platten zusammengebaut – aber jede Datsche sieht vollkommen anders als ihr Nachbar aus. Ein guter Kontrast zum Gleichförmigkeitsbau drum herum.

Adresse Splanemannstraße, 10319 Berlin-Lichtenberg | **ÖPNV** U 5, Haltestelle Tierpark; Tram M 17, 27,37, Haltestelle U-Bahn Tierpark; Bus 296, Haltestelle Erieseering | **Tipp** Bärenschaufenster: Am Tierpark-Eingang, Am Tierpark 125, kann man hinter der Glasscheibe die Bären grüßen. Sie sind die einzigen Tiere, die mal »rauskommen« aus dem Zoo.

96__Das Stadtbad Steglitz

Alte Schönheit neu in Betrieb

Für das Hellblau-Türkis der ausgeblichenen Kacheln gibt es eigentlich nur eine treffende Bezeichnung: Schwimmbad-Blau. Die ersten Stufen der Treppen vom Beckenrand hinab sind aus massivem Stein, später kamen Metallstufen mit Noppen gegen das Ausrutschen hinzu. Nach einigen Metern passiert man das Schild »Nichtschwimmer«. Es geht merklich abwärts. Nach nur zwei Schritten schon das nächste Schild am Rand: »Schwimmer«. Jetzt geht es rasant in die Tiefe. Nur noch mit Mühe kann man über den Beckenrand gucken. Aber besorgniserregend ist das eigentlich nicht. Denn hier im alten Steglitzer Stadtbad läuft der Besucher auf dem Grund. Ohne Wasser. Das Schwimmbad ist nicht mehr in Betrieb.

Oder doch: Hin und wieder füllt sich das Becken mit Menschen, Scheinwerfer beleuchten die Jugendstil-Kuppel des Gebäudes, und es erklingt zum Beispiel Mozart, und die Entführung aus dem Serail beginnt mit einer Kulisse, wie sie sie wahrscheinlich noch nie zuvor erlebt hat.

Auch die Sauna wurde bereits zur Bühne. Dort hat das Mosaikbild von der antiken Schönheit mit wallendem Haar und umkränzt von Perlmuttmuscheln zwischen all dem doch sichtbaren Zerfall rundherum fast unversehrt das Jahrhundert überlebt.

Die Schwimmhalle von 1908 und die angrenzenden Gebäude können auf diesem Weg zwar nicht wieder instand gesetzt werden, aber sie werden bis zur Sanierung mit Leben gefüllt. Ein Café, eine Bücherstube und vor allem immer wieder Theater, und zwar überall auf dem Gelände zwischen Alter Wäscherei und Schwimmbecken. Das Stadtbad wird in Zukunft wohl wieder ein Badeort werden, aber das, was inzwischen hier gewachsen ist, soll bestehen bleiben: ein Bad- und Kulturzentrum. Empfohlen wird folgende Benutzungs-Reihenfolge: Nach dem Schwimmen im Bad und einem Saunagang zum Essen in das Café und im Anschluss für die Theaterinszenierung ins Kesselhaus.

Adresse Bergstraße 90, 12169 Berlin-Steglitz, www.stadtbad-steglitz.de | **Öffnungszeiten** siehe Homepage | **ÖPNV** S 1, U 9, Haltestelle Rathaus Steglitz; Bus 170, Haltestelle Robert-Lück-Straße | **Tipp** Das andere Becken: Im Café »Freistil« sind Boden und Wände gefliest, sodass man darin sitzt wie in einem leeren Schwimmbecken – die Startblöcke sind an der Bar befestigt.

97_Das Straßenbahndepot

Pittoresk mit Gruselfaktor

Alles ist überaus malerisch, und die Wassernähe steigert die Ausflugsstimmung. Aber dennoch steht man in Heiligensee inmitten einer in sich ruhenden Idylle und weiß nicht so recht, wohin mit sich. Das Ufer ist nicht zu erreichen, die Seegrundstücke sind privat. Nachdem man die alte Kirche und die Dorfschmiede auf dem Anger einmal umrundet hat, entdeckt man dann aber doch noch etwas: Einen weiten Hof mit einem Meer aus farbigen Pflastersteinen, das von alten Straßenbahnlinien durchzogen wird. Hier endete die Ausflugslinie 25, die bis 1958 die Großstädter bis zu der nasenförmigen Landzunge zwischen dem Heiligensee und dem Nieder-Neuendorfer See brachte, und hier sammelte sie die Städter wieder ein, um sie abends über Felder und durch Wälder zurück zum Potsdamer Platz zu bringen.

Im Seitenflügel der ehemaligen Straßenbahngarage ist heute ein Restaurant untergebracht, einige Tische stehen draußen auf dem Kopfsteinpflaster und vorne am Eingang findet sich auf alten Schubkarren und in hübschen Kübeln ein Blumenverkauf wie aus dem Bilderbuch.

Alles ist ganz wunderbar lauschig – wenn man nicht wüsste, dass es hier spukt. Denn die vielen Gruselgeschichten, die es vom Heiligensee gibt, kommen ja nicht von ungefähr! Zum Beispiel gibt es die Mär von der Weißen Frau vom Schifferberg oder die Sage von den versunkenen Glocken, die hin und wieder auftauchen und über der Wasseroberfläche anschlagen. Und dann noch die Geschichte von dem Schloss, das auf den Grund des Heiligensees gesunken ist und die von dem Gespann mit den schwarzen Stieren – natürlich auch im See versunken.

Sicher, es lag schon von Anfang an etwas in der Luft, ein unbestimmter Verdacht, der nun immer mehr zur Gewissheit wird: Heiligensee wurde vor langer, langer Zeit verwunschen. Oder ist es vielleicht ganz anders, und die alten Schauermärchen dienen seit jeher allein dem Zweck, die Großstädter von hier fernzuhalten?

Adresse Alt-Heiligensee 73–75, 13503 Berlin-Reinickendorf | Öffnungszeiten Restaurant Mi–Fr 17–22 Uhr, Sa, So und Feiertage 12–22 Uhr | ÖPNV Bus 124, 133, Haltestelle Alt-Heiligensee | Tipp Dorftreff: Wer wissen möchte, worüber man in Heiligensee gerade so spricht, der sollte ein Bier in der Lindenbaude trinken, gleich gegenüber vom Straßenbahndepot.

98_Tautes Heim

Ein original Zuhause

Das weiße Haus mit den hellblauen Fensterrahmen stand eine Weile leer. Es sollte verkauft werden. Und im Gegensatz zu den meisten anderen Häusern, die sich hier die kleinen Straßen entlangschlängeln, gab es im Innern dieses Reihenhauses einige Besonderheiten: Die original Fenstergriffe, Türknäufe und Kachelöfen aus der Zeit, als die Hufeisensiedlung Ende der 1920er Jahre nach Bruno Tauts Vorstellungen vom »Neuen Bauen« errichtet wurde, waren alle noch da.

Und diese Dinge waren es schließlich auch, die zwei Nachbarn keine Ruhe mehr ließen. Sie kauften das Haus und bauten es selbst um, oder besser: wieder zurück. Sie kratzten die vielen Schichten Tapete von den Wänden und die Farben von den Türen. Das nachträglich eingebaute Bad neben dem Eingang kam auch wieder weg. Sie machten das, was auch Ende der 1920er Jahre viele Menschen mit ihren Wohnungen machten: Sie entledigten sie des überflüssigen Schnickschnacks. In der Weimarer Republik gab es dafür einen Ausdruck: »eine Wohnung tauten«.

Und so ist ein Unikum entstanden: Denn Tauts Architektur mit ihren vielen Eigenheiten und dem hohen sozialen Anspruch wurde schon viel dokumentiert, aber bislang hauptsächlich von außen. Warum aber in diesem Reihenhaus das Schlafzimmer blau-lila gestrichen war und in anderen Häusern wieder anders oder warum anscheinend vollkommen willkürlich einzelne Hölzer im weißen Treppengeländer rot angemalt waren, können auch Fachleute nur vermuten. Es ist schwer vorzustellen, dass Taut auch jeden einzelnen Innenausbau der 679 Reihenhäuser hier in der Siedlung vorgegeben hat. Und doch spricht dieses Gebäude ganz deutlich seine Sprache: Das Einheitliche trägt einen individuellen Charakter.

In dem weißen Haus mit den bunten Fensterrahmen kann man übernachten. Ein Eintrag im Gästebuch lautet: »Es ist wunderschön, tagsüber Berlin zu entdecken – und abends nach Hause zu kommen.«

Adresse Lowise-Reuter-Ring 43, Hufeisensiedlung, 12359 Berlin-Neukölln, www.tautes-heim.de, Tel. 030/60107193 | ÖPNV U7, Haltestelle Parchimer Allee; Bus M46, Haltestelle U-Bahn Parchimer Allee | Tipp Landpartie: In Schlosspark, Museum und den neu ausgebauten Ställen des Gutshofes gibt es viel zu entdecken, Alt-Britz 73. Und gut essen kann man hier auch.

99_Das Tieranatomische Theater

Ein Fenster zur Wissenschaft

Kurz bevor die Panke in die Spree mündet, schlängelt sie sich im Schatten des Charité-Hochhauses zwischen den Backsteinbauten der Veterinärmedizinischen Fakultät der Humboldt-Universität hindurch. Das alte Campusgelände liegt vollkommen verborgen hinter den Häusern der umliegenden Straßen. Unter den uralten Bäumen führen kleine geschwungene Brücken über das Flüsschen, das sich hier allerdings auch locker mit einem Sprung überqueren ließe. Einige Häuser stehen leer, und durch die eingestaubten Fenster erkennt man, dass es viele alte Ställe sind.

Mitten auf dem großflächigen Gelände liegt das neu sanierte Tieranatomische Theater. König Friedrich Wilhelm II. ließ diese Einrichtung 1787 bauen, um dort Rossärzte für sein Heer ausbilden zu lassen, da unzählige Pferde in seiner Armee von Seuchen dahingerafft wurden.

Das Innere der Kuppel gleicht keinem Vorlesungssaal, wie man ihn kennt. Vielmehr erinnern die steil ansteigenden, rundherum verlaufenden weißen Bänke an ein Amphitheater. Und das war Absicht: Denn so konnten alle dem Spektakel zusehen, das unten stattfand. Mit Hilfe eines versenkbaren Tisches wurden die Tierkadaver aus dem Keller nach oben gehievt – ein durchaus theatralisches Ereignis – und dort vor den Augen der Studenten seziert. Auch die antiken Wandmalereien, kaum bekleidete Männer mit ihren Tieren, und das immer wiederkehrende Motiv des mit Blumen geschmückten Tierschädels wirken übertrieben und viel zu mythologisch für einen Ort der Wissenschaft.

Heute wird der Saal unter der Kuppel wieder genutzt. Die interdisziplinären Ausstellungen, Sammlungen und Vortragsreihen machen das wissenschaftliche Theater zu einem Schaufenster der Forschung – und die Themen für alle zugänglich.

Adresse Luisenstraße 56, 10117 Berlin-Mitte | **Öffnungszeiten** Di–Sa 14–18 Uhr | **ÖPNV** U 6, Haltestelle Oranienburger Tor (500 Meter Fußweg); Bus 147, Haltestelle Schumannstraße | **Tipp** Das Haus 19: In dem früheren Kuhstall auf dem Campus-Gelände befindet sich das Ausstellungszentrum für zeitgenössische Kunst und Musik »7hours« (www.7hours.com).

100_Der Tierpräparator

Schönheit bewahren

Dieses Schaufenster vergisst man so schnell nicht wieder. Die beiden Waschbären, der Puma, die großen Uhus – sie alle wirken lebendig. Weil alles an ihnen stimmt: die Größe, der Ausdruck und vor allem ihre Haltung, fast könnte man sagen: ihre Bewegung. Und obwohl man schnell merkt, dass die Tiere sich nicht mehr bewegen, ist da zuerst einmal dieser Schreck, der einen durchfährt. Erst danach kann die Vernunft den Instinkt überzeugen: Die Tiere sind ausgestopft. Keine Gefahr.

Der Laden hinter dem Schaufenster ist winzig – es gibt hier kaum Platz für Menschen. Tiere hingegen sind bis fast unter die Decke zu sehen. Stephan Klaue hat schon als Kind tote Tiere ausgestopft. Vor allem, weil er sie zu schön fand, um sie zu vergraben, so wie seine Freunde es mit den toten Haustieren machten. Dann hat er gemerkt, dass er ganz geschickt darin ist, die lebendigen Körper nachzubilden – und hat sich seinen Beruf Stück für Stück selbst beigebracht. Eine entsprechende Ausbildung gibt es nicht, das Präparieren ist kein anerkannter Beruf.

Im Keller hat er ein paar tausend Tiere, wie er beiläufig bemerkt. Alle eingefroren. Die Kadaver bekommt er von Zoos. Ein Blick in die winzige Werkstatt hinter dem Ladenraum: Nägel, Drahtrollen, Kartoffelmehl und Körper-Formen. Für die Säugetiere gibt es Formen zu kaufen, auf welche die Haut aufgespannt wird. Aber für Vögel nicht. Deshalb sind sie auch die eigentliche Herausforderung der Präparatoren. Ihre Königsdisziplin.

Und erst wenn man das weiß, erschließen sich einem die eigentlichen Kunstwerke in dem Ladenraum, die vielen Vögel, die hier hocken, ihre Flügel spreizen oder nach Käfern picken. Jetzt wird das Meisterstück der acht Raken mit den blau-türkisen Schwanzfedern auf dem langen Ast erst deutlich: Denn jede Kopfdrehung, jeder Flügelwinkel ist den Bewegungen der lebenden Tiere nachempfunden – und bewahrt.

Adresse Schönhauser Straße 22a, 12157 Berlin-Steglitz | ÖPNV S 1, Haltestelle Feuerbachstraße; Bus M 76, X 76, 181, Haltestelle S-Bahn Feuerbachstraße | Tipp Der Lauenburger Platz: Nur fünf Minuten entfernt liegt der hübsche Platz. Ein Park mit einem Teich und an der Ecke die Currywurst-Bude, die über den Bezirk hinaus eine Institution ist.

101 Die Tuileriensäule

Versteck mit Aussicht

Es ist die einzige Stelle auf der Insel, die einen Blick über das Wasser erlaubt. Ansonsten gibt es für Nicht-Insulaner hier keinen Platz, die Straße führt zwar einmal rundherum, aber die dichten Hecken und hohen Zäune schirmen das Ufer von Schwanenwerder gut gegen neugierige Blicke ab.

Doch diese eine Stelle ist eine Entdeckung – denn hier steht eine Säule aus dem Pariser Palais des Tuileries. Es ist die einzige überhaupt noch erhaltene Säule des Palastes.

Nachdem das französische Stadtschloss 1871 beim Aufstand der Pariser Kommune zerstört wurde, kaufte der Berliner Lampenfabrikant und Eigentümer der Insel Schwanenwerder, Friedrich Wilhelm Wessel, Frankreich eine korinthische Säule und einige übrig gebliebene Kalksteinfragmente ab. Er ließ sich alle erworbenen Schmuckelemente, neben der Säule zum Beispiel eine Konsole mit Widderkopf, in eine künstliche Ruinenlandschaft aus einheimischen Backsteinen einbauen – und stellte diese neu errungene Zierde in seinem Park auf.

Die Säule überlebte den Weltkrieg und die Umgestaltung der Insel unbeschadet und steht heute am Straßenrand in einer Ausbuchtung des Gehweges kurz hinter der Brücke, die auf die Insel führt. Aber die eigentliche Entdeckung verschließt sich demjenigen, der hier nur vorbeifährt oder nach einem kurzen Blick auf die Informationstafel wieder den Rückzug antritt: Denn nur wer die Säule einmal umrundet, entdeckt die Bank, die in den künstlichen Ruinenklinker eingelassen ist. Hier kann man, ungesehen von der Straße, alleine oder zu zweit innehalten. Das fühlt sich gut an. Ein bisschen wie ein schlaues Versteck beim Versteckspiel. Das gute Gefühl erfährt allerdings einen kleinen Dämpfer, liest man die Inschrift auf der steinernen Tafel über der Sitzfläche:

»Dieser Stein vom Seinestrande / hergepflanzt in deutsche Lande, Ruft Dir, Wandrer, mahnend zu: / Glück, wie wandelbar bist du!«

Adresse Inselstraße, Schwanenwerder, 14129 Berlin-Zehlendorf | ÖPNV S7, Haltestelle Nikolassee (1,5 Kilometer Fußweg); Bus 218, Haltestelle Wannseebadweg (1,2 Kilometer Fußweg) | Tipp Insel-Geschichte: Die Inselstraße ein Stück weiter die Anhöhe hinauf, sieht man schon die gläsernen Informationsstelen zur Geschichte von Schwanenwerder.

102 Der Tulpenbaum

Ein Denkmal der Natur

Man muss ein bisschen Glück haben, jedes Jahr aufs Neue. Die Blütezeit des Tulpenbaums, heißt es, ist im späten Frühjahr oder aber, so steht es an anderer Stelle, von April bis Juni. Und erst wenn man auf dem weiten Gelände des Wilhelm-Griesinger-Krankenhauses zwischen den teilweise leer stehenden alten Gebäuden das Haus 17 gefunden hat und dann links neben dem Eingang vor dem gewaltigen Baum steht, erst dann zeigt sich, ob man Glück hat.

Und das auch nicht auf den ersten Blick. Denn die grünlichgelben, tulpenförmigen Blüten, die den Baum über und über schmücken, sind zart und unscheinbar – und lassen sich auf den großen dunklen Blättern nicht sofort ausmachen. Aber wenn, dann ist es eine kleine Sensation!

Unzählige Blüten säumen die Baumkrone, die über das Hausdach des Hauptgebäudes hinaus in den Himmel ragt, und man versteht, warum dieser Baum von der Stadt Berlin als ein Naturdenkmal aufgelistet wurde und geschützt ist. Und wenn man sich weiter umsieht, dann gibt es zwischen den Häusern auf dem Gelände noch viele weitere seltene Bäume zu entdecken, wie zum Beispiel eine Stieleiche, eine Feldulme und einen japanischen Schnurbaum. Sie sind nicht gestutzt, sondern wachsen üppig und prächtig, ganz wie es ihnen in den Sinn kommt, auf den Wiesen zwischen den Häusern.

Die Uhr auf dem Turm von Haus 17 hat keine Zeiger mehr. Gegenüber am Hauptplatz mit der Brunnenanlage steht die Kirche des Krankenhauses, wie alle Häuser hier auf dem Gelände aus gelb-roten Klinkerziegeln. Dahinter öffnet sich das Gelände übergangslos. Ganz unerwartet steht man plötzlich am Rande einer großen wilden Wiese. Eine Kirschbaumallee führt über den Hang, über die weite Fläche des Wuhlegartens, ein Stück weiter gelangt man zum Karpfenteich und zur Wuhle selbst. Man könnte immer so weitermachen und ein Highlight nach dem anderen aufzählen, mit denen die Natur hier in Hellersdorf aufwartet.

Adresse Wilhelm-Griesinger-Krankenhaus, Haus 17, Brebacher Weg 15, 12683 Berlin-Hellersdorf | **ÖPNV** S 5, Haltestelle Wuhletal; U 5, Haltestelle Wuhletal; Bus 191, 291, Haltestelle Altentreptower Straße; Bus X 69, 154, Haltestelle Rapsweg/Unfallkrankenhaus | **Tipp** Café der Stille: Die Kirche gegenüber von Hau 17 ist jeden Tag von 14 bis 17 Uhr geöffnet: ein Ort für Gottesdienste, Kultur und Begegnung.

103 Die Uhr der fließenden Zeit

»Mehr West-Berlin geht nicht«

Alles fließt. Zumindest im Europa-Center rinnt seit 1982 die Zeit als neonfarbige Flüssigkeit über drei Stockwerke hinweg durch gläserne Rohre, sprudelt in große Reagenzbehälter, wird wieder nach oben gepumpt, aufgestaut und von Neuem weitergelenkt.

Die kleinen Kugeln zeigen die Minuten und die großen die Stunden an. Das Fließen und Sprudeln treibt ein großes Pendel an, das wiederum die Öffnung der Kanäle steuert. Aber genau verstehen kann man das alles nicht. Und alle, die hier an dem Geländer im ersten Stock stehen bleiben und dem Rauschen, dem Auf- und Absteigen der Zeit zusehen, verkünden ihre eigene Theorie darüber, wie die Uhr funktioniert. Das ist nicht verwunderlich, denn die Erklärung auf dem angebrachten Schild ist kaum verständlich.

Als das Europa-Center 1965 als Einkaufscenter, Büro- und Wohnhaus eröffnet wurde, war dies für ganz West-Berlin ein Wirklichkeit gewordener Traum von Moderne. Der Mercedes-Stern drehte sich unaufhörlich über den Dächern der Stadt, und unter mit Glas überdachten Innenhöfen konnte man zwischen Pflanzen auf kleinen Terrassen über Springbrunnen sitzen und Eisbecher mit Glitzer-Palme bestellen. Und das ist auch heute noch so.

Trotzdem oder vielleicht gerade deswegen ist es voll auf den neonblau beleuchteten Rolltreppen und den Gängen zwischen Irish Pub und Mövenpick. Die einen scheinen aus alter Gewohnheit hierherzukommen, die anderen sind wohl Berlin-Besucher. Und es gibt diejenigen, die schon als Kinder in West-Berlin vor der Uhr standen und staunten. Und da steht sie heute noch und zeigt jede nächste Stunde an, während um sie herum die Zeit stehen geblieben ist. Irgendwann zwischen den 1960er Jahren und 1980er Jahren. Oder wie es im Werbefilm auf der Internetseite auch heißt: »Mehr West-Berlin geht nicht.«

Adresse Europa-Center, Breitscheidplatz, 10789 Berlin-Charlottenburg | **Öffnungszeiten** rund um die Uhr | **ÖPNV** S 7, S 9, S 75, U 2, U 9, Haltestelle Zoologischer Garten; Bus M 19, M 29, M 46, X 9, X 10, X 34, 100, 109, 110, 145, 200, 204, 245, diverse Haltestellen rund um den Breitscheidplatz | **Tipp** Mengenlehre: Noch eine berühmte Uhr steht vor dem Europa-Center in der Budapester Straße: Die Uhr aus dem Jahr 1975 zeigt die Zeit durch leuchtende farbige Felder an.

104_ Das Wandbild

Die große Familie

In der Mitte des Saals steht eine kleine gepolsterte Bank. Und dort steht sie genau richtig. Denn wenn man sich auf sie setzt, kann man das Bild an der Wand betrachten. Es ist eines der letzten seiner Art.

Hier in der Mensa des ehemaligen VEB Stern-Radio kann man den Sozialismus noch spüren. Dazu gehören der Geruch des Bodenputzmittels, einige Möbel im Raum und die Geschichte des Ortes. Und die wiederum erzählt das Bild an der Wand. Es heißt: »Arbeit und Freizeit«. Die Menschen auf dem Gemälde sind die Arbeiterinnen und Arbeiter aus dem Radiowerk. Sie haben sich hier im Betrieb in Weißensee und in ihrem Ferienlager in Gondorf am Badestrand malen lassen – für die Verschönerung ihres Speise- und Veranstaltungssaales. Im Zentrum sieht man eine Gruppe Maurer, die in gemütlicher Runde zusammensitzen, Pfeife rauchen und Kaffee aus einer gelben Thermoskanne trinken. Darum gruppieren sich spielende Kinder, ein Kapitän vor einem Dampfer, und alles mündet in einer geradezu paradiesischen Strandszene in der rechten oberen Ecke: Ein Segelboot zieht vorüber, davor spielen die Stern-Radio-Arbeiter beinahe ausgelassen gemeinsam am Seeufer.

Unten links in der Ecke – leider durch die Einbauten heute verdeckt und nicht mehr zu sehen – befindet sich allein und unglücklich: Franz Josef Strauß als kapitalistischer Gegenspieler, der sich von dem familiären Miteinander auf dem Wandbild abwendet. Er hält in beiden Händen dicke Geldbündel.

Aber die Geschichte des Ortes geht noch weiter: Als der Betrieb 1991 schließen musste und 3.500 Arbeiter entlassen wurden, gründeten zwei Mitarbeiter die »Stern-Radio Beschäftigungs- und Qualifizierungsgesellschaft«, um für sich und ihre Kollegen Umschulungen zu organisieren. Das Büro vermittelt bis heute Jobs an Arbeitslose – in der ehemaligen Mensa. Das Wandbild erinnert sie jeden Tag an längst vergangene Zeiten, im Guten wie im Schlechten.

Adresse Liebermannstraße 75, 13088 Berlin-Weißensee | ÖPNV Bus 155, Haltestelle Neumagener Straße | Tipp Kaffee und Kunst: Im benachbarten Industriekomplex sind Künstler eingezogen. Im Café Sartre, Neumagener Straße 21–29, auf dem Gelände gibt es Mittagessen und Latte macchiato.

105 Der Waschsalon

Freddy Leck – Der Fleck muss weg!

Es gibt wohl kaum so ein tröstliches Geräusch wie das gleichmäßige Rumpeln einer Waschmaschine. Es klingt nach Gemütlichkeit, nach wohliger Wärme und natürlich nach Sauberkeit. Deswegen liegt es auf der Hand, einen Waschsalon häuslich und behaglich einzurichten, passend zu dem beruhigenden Brummen der vielen Maschinen. Das hat Freddy Leck getan.

Unter einem großen glitzernden Kronleuchter sitzen die Menschen an einem langen Holztisch, lesen in der Zeitung, trinken den Kaffee, den sie bestellt haben, oder unterhalten sich mit leiser Stimme – so lange eben, bis ihre Wäsche fertig ist. Anstatt greller Neonröhren und nackter Wände, die üblicherweise die Waschsalons in der Stadt auszeichnen, sind die Wände in »Freddy Leck seinem Waschsalon« in warmen Farben und mit 60er-Jahre-Mustern tapeziert, das Licht ist gedämpft, und hinten, dort, wo die großen Trockner nebeneinander aufgereiht ihre Wärme abgeben und sanft brummeln, gibt es eine gemütliche Sofaecke. An der Wand hängt ein Bild von der Queen in jungen Jahren, im Hintergrund läuft klassische Musik.

Und noch was hat sich Freddy Leck, der eigentlich anders heißt, ausgedacht: ein eigenes Waschmittel und einen Weichspüler. Es heißt: »Wasch dich glücklich«. Unter dem Namen steht in kleinerer Schrift: »Grüße aus Moabit«.

Wäsche waschen muss jeder, und so ist das Publikum im Moabiter Waschsalon, genau wie das Viertel draußen vor der Ladentür, gemischt: Hier schleudert in der einen Maschine die Wäsche eines Politikers, daneben die eines Hartz-IV-Empfängers, ein Student gibt die Wäsche ab und braucht die Hemden gebügelt, eine ältere Dame packt ihre Zeitung aus, sobald die Maschine angestellt ist. Am Ende freut sich jeder, wenn die Sachen im Kleidersack wieder sauber sind. Freddy Leck denkt an alle seine Kunden: Er kocht ihnen Kaffee, Tee oder Latte – alles zu einem Einheitspreis.

Adresse Freddy Leck sein Waschsalon, Gotzkowskystraße 11, 10555 Berlin-Tiergarten | **Öffnungszeiten** Mo – So 7 – 23.45 Uhr | **ÖPNV** Bus 101, 106, 245, Haltestelle Gotzkowskystraße | **Tipp** Freddy Leck seine Küche: Im Laden nebenan kann man für oder mit seinen Freunden kochen: großer Tisch, moderne Küche und ebenfalls 60er-Jahre-Tapete (www.leck-deine-kueche.de).

106_Der Weingarten

Der Klimawandel macht's möglich

Der Berliner Sandboden ist ideal – und inzwischen stimmt auch das Klima. In insgesamt zehn Weingärten wächst er wieder: der Berliner Riesling. Aber die meisten Weinberge entdeckt man nicht auf den ersten Blick. Was hilfreich sein kann: Auf Google Maps das Satellitenbild anschalten, denn die geraden Reihen mit Rebstöcken fallen von oben gesehen sofort auf.

Auch hier, in der Nähe vom Volkspark Prenzlauer Berg, liegen die Weinstöcke versteckt. Dort, wo die Sigridstraße auf den Syringenplatz trifft, geht ein Fußweg ab. Nach ungefähr 100 Metern sieht man ihn rechter Hand: einen neuen Weingarten mit ungefähr 500 Rebstöcken. Auf der einen Seite ist ein richtiger Weinberg angelegt, der nach Süden hin sanft abfällt. Oben unter einer Pergola kann man sich setzen und über die satten hellgrünen Weinreihen blicken. Dieses Bild passt irgendwie nicht nach Berlin. Man denkt sofort an bergige Weingegenden, an Burgen und weite Täler.

Dabei zählte Berlin einmal zu den bekannten Weinanbaugebieten im Land dazu. Alles begann damit, dass Albrecht I. von Brandenburg die ungläubigen Volksstämme der Sprewaner und Heveller bekehren wollte. Er brachte Mönche mit nach Brandenburg, und diese benötigten Messwein. Der Weinanbau in Brandenburg und in Berlin entlang der Barnim-Hangkante begann zu florieren, was für die Missionierung nicht besonders hilfreich war. Das war im 12. Jahrhundert. Die Fässer aus dem Havelland wurden bis an die Nordsee exportiert, und die Berliner Straßennamen »Weinbergsweg« und »Weinstraße« zeigen noch heute, wo damals die Weinlese stattfand. Doch dann brach im 15. Jahrhundert eine Kälteperiode über das Land herein – und die Weinpflanzen gingen ein.

Erst Ende der 1960er Jahre gab es wieder einen neuen Versuch. Einige Hausbesetzer pflanzten Wein auf dem Kreuzberg – und siehe da: Er wuchs! Nur kaufen kann man die Berliner Weine nicht. Noch nicht.

Adresse Sigridstraße/Syringenplatz, 10407 Berlin-Prenzlauer Berg, www.berliner-riesling.de | **Öffnungszeiten** keine festen, Kontakt über die Homepage | **ÖPNV** S 8, S 9, S 41, S 85, Haltestelle Landsberger Allee; Tram M 5, M 6, M 8, Haltestelle S-Bahn Landsberger Allee; Bus 156, Haltestelle Storkower Straße/Einkaufszentrum | **Tipp** Auf der Barnim-Hangkante: Hier kann man mit dem Fahrrad auf den Spuren der 850-jährigen Berliner Weinkultur wandeln (Berlin Bike Tour: www.berlinbiketour.eu).

107 Die Wiesenburg

Der Zaubergarten an der Panke

Es ist ein Ort wie aus einem Märchen. Verwunschen und zur gleichen Zeit durch und durch lebendig hält er stand am Ufer der kleinen flinken Panke. Läuft man den Ufer-Fußweg hinter der Gerichtstraße in Richtung Pankstraße, dann sieht man die Wiesenburg mit ihrem Klinker-Schornstein auf der anderen Uferseite liegen. Sie erzählt jedem Besucher ihre Geschichte. Die Pflanzen überwuchern die alten Gemäuer, an allen Ecken wird gebastelt und gewerkelt.

Hinter dem Wohnhaus mit dem prächtigen Portal – in welchem heute noch die Nachfahren des Gründers leben – befand sich bis zum Kriegsende ein Obdachlosenasyl. In dem Schlafsaal konnten bis zu 700 Männer übernachten. Später kam noch ein Frauenasyl hinzu. Das Besondere an dem Asylheim in der Wiesenstraße, das bald in der ganzen Stadt »die Wiesenburg« genannt wurde, war: Die Menschen, die hier Hilfe erbaten, wurden nicht gemaßregelt, mussten sich weder zu Arbeitsdiensten verpflichten noch an Gebetsstunden teilnehmen – und durften sogar anonym bleiben. Und dieser Geist, den Menschen in der Not zu helfen, ohne Gegenleistung oder Dank zu erwarten, der lebt noch immer in der Wiesenburg weiter. Die heutigen Bewohner haben sich der Kinder aus dem Bezirk angenommen. In dem Zaubergarten, der inmitten der verfallenen Mauern des Obdachlosen-Schlafsaals gewachsen ist, fühlt man sich geborgen und ist gleichzeitig mittendrin in einer völlig ungezähmten Natur. Hierher kommen Klassen aus benachbarten Schulen im Wedding, um Theater zu spielen, Unterricht im Grünen zu haben, um einfach mal draußen zu sein und sogar um hier zu zelten. Der Ort gibt heute denjenigen Schutz und neue Perspektiven, die nur wenige Fürsprecher haben: den Kindern aus sozial schwachen Familien, meistens mit Migrationshintergrund. Es ist diese unkonventionelle Offenheit, die den Zauber der Wiesenburg ausmacht – und dem sich wohl niemand entziehen kann.

Adresse Wiesenstraße 55, 13357 Berlin-Wedding | **Öffnungszeiten** Die Wiesenburg ist kein öffentliches Gelände. Besichtigung und Kontakt über: Quartiersmanagement Pankstraße, qm-pank@list-gmbh.de | **ÖPNV** S 1, S 2, S 25, Haltestelle Humboldthain; S 41, S 42, Haltestelle Wedding; Bus M 27, Haltestelle Wiesenstraße; Bus 247, Haltestelle S-Bahn Humboldthain | **Tipp** Stattbad: In dem ehemaligen Schwimmbad in der Gerichtstraße 65, 13347 Berlin, gibt es ein erfrischendes Veranstaltungsprogramm: Musik, Theater und Ausstellungen.

108 Die Wohnung der Anna Seghers

Der Schatz der Schriftstellerin

Wann es so weit sein wird, kann man schlecht sagen. Aber irgendwann wird Papier ein knappes Gut sein. Bücher werden dann ein Vermögen kosten. Umso ehrfürchtiger bestaunt man den Schatz der Schriftstellerin Anna Seghers. Ihre Wohnung im dritten Stock ist nicht gerade geräumig, aber in jedes Zimmer und sogar den ganzen Flur entlang sind Regale gezimmert, aus dicken robusten Brettern, die sich auch nach mehreren Jahrzehnten keinen Zentimeter durchbiegen.

Ein System, nach dem die Bücher geordnet sind, gibt es nicht. Vor den Buchrücken stehen kleine Figuren aus Holz und Ton, liegen große Muscheln und bunte Steine. Die Andenken ergeben zusammen mit den Büchern eine lebendige Sammlung. Sie erzählen von den verschiedenen Orten, an denen Anna Seghers und ihre Familie gelebt haben. Aber die Figuren hatten noch eine ganz praktische Funktion: Anna Seghers liebte ihre Bücher und sah es gar nicht gern, wenn ein Besucher eines herauszog. Die Figuren waren also auch zum Schutz da, damit sich niemand an ihrem Schatz vergriff.

Als die kommunistische Schriftstellerin, Jüdin und Widerstandskämpferin 1947 aus dem Exil in Mexiko nach Berlin zurückkehrte, hatte sie es bereits geschafft, sich als Schriftstellerin einen Namen zu machen. Nicht ihren echten allerdings. Netty Reiling hieß sie eigentlich, aber da sie nicht daran glaubte, als schreibende Frau ernst genommen zu werden, nannte sie sich nach dem Maler Hercules Seghers. Und die Kritiker lobten »den Seghers« in höchsten Tönen.

Nach dem Krieg zurück in Berlin setzte sich Anna Seghers für den Frieden ein. Bei gutem Wetter saß sie mit ihrer Reise-Schreibmaschine auf dem kleinen Balkon, wie in einem Nest. Hier gab es keine Ablenkung, auch keine Erinnerungen durch Bücher und Andenken, nur Himmel.

Adresse Anna-Seghers-Gedenkstätte, Anna-Seghers-Straße 81, 12489 Berlin-Treptow | **Öffnungszeiten** Di, Do 10–16 Uhr und nach Vereinbarung, Tel. 030/6774725 | **ÖPNV** S 8, S 9, S 45, S 46, S 85, Haltestelle Adlershof; Tram 60, 61, Bus 162, 260, Haltestelle S-Bahn Adlershof | **Tipp** Lesestunde: Eine schlichte weiße Parkbank steht im Vorgarten des Hauses, in dem Anna Seghers im dritten Stock wohnte. Hier kann man eine Pause machen – und ein Buch lesen.

109 Der Zauberkönig

Scherze aus Tradition

Hier ist nichts echt. Die Bonbons zum Beispiel, die so verlockend in silbernem und goldenem Glanzpapier leuchten, schmecken köstlich süß – bis plötzlich alle Geschmacksnerven durchdrehen: Sie sind gefüllt mit Senf, Pfeffer oder Seife. Daneben liegen ordentlich aufgereiht und scheinbar völlig unschuldig: Spritzfeuerzeuge, Schrecktinte, färbende Seife und Furzkissen.

Den Zauberkönig gibt es als Familiengeschäft schon seit 1884. Schon immer kamen die Kinder aus der Nachbarschaft hierher, um sich mit neuen Schreck-, Knall- und Spritz-Gerätschaften auszustatten.

Aber die eigentliche Tradition dieses Ortes ist die Zauberei. Dieser Bereich befindet sich an der Rückwand des länglichen Geschäftes, hinter dem Ladentisch. Hier darf niemand einfach Dinge aus den Regalen nehmen, anfassen oder begutachten. Bei der Zauberei läuft das anders. Der Trick wird zuerst einmal vorgeführt: Ein Zauberhut kommt auf den Tisch, drei gelbe, weiche Bälle daneben und ein Zauberstab in normaler Größe dazu. Zwei Bälle werden unter den schwarzen Zylinder gelegt, einer in die Hand genommen. Hokuspokus Fidibus – der Zauberstab kreist über dem Ladentisch –, und der dritte Ball verschwindet aus der Hand und liegt – oh Wunder – bei den anderen beiden Bällen unter dem Hut. Die Tricks werden selbstverständlich nur einmal gezeigt, das gebietet die Zauberehre. Erklärt bekommt den Kniff nur derjenige, der Hut, Bälle und Zauberstab kauft.

Der kleine Ladenraum ist bis unter die Decke mit Verkleidungsstücken, Masken und Dekoration aller Art behängt. Hier findet bestimmt jeder für seine Mottoparty was Passendes.

Der Verkaufsschlager aber ist das, was im Schaufenster auf der kleinen Tafel als »Diverse Scheiße« angepriesen wird. Es ist wirklich genau das, und zwar in bis zu zehn Varianten: Ob unechter Haufen oder falsche Wurst, sie sind in Neukölln die Nummer eins unter den Scherzen.

Adresse Hermannstraße 84–90, 12051 Berlin-Neukölln | **Öffnungszeiten** Di–Sa 11–19 Uhr | **ÖPNV** U 8, Haltestelle Leinestraße; Bus 344, Haltestelle U-Bahn Leinestraße | **Tipp** Der Boxautomat: Ungefähr 50 Meter südlich vom U-Bahnhof Lenaustraße steht er. Hier kann man seine Kräfte messen, und das, ohne selbst ein blaues Auge abzubekommen.

110 Die Zukunft

Einfach machen!

Es war einmal eine Stadt mit vielen leer stehenden Fabriken, Mietshäusern und Baracken. Das gefiel den jungen Menschen, sie richteten sich ein in den Ecken dieser Stadt – um zu feiern! Doch die Baracken wurden abgerissen, und die Häuser saniert. Die Menschen sprechen noch viel von den alten Zeiten in dieser Stadt.

Immer seltener zwar, aber hin und wieder kann man noch Orte entdecken, die allen neueren Entwicklungen trotzen. Zum Beispiel die »Zukunft«. In den Baracken und Lagerstätten war früher einmal das »Ministerium für Entspannung« zu Hause. Damals wurde hier gefeiert, dass das Berghain heute neidisch geworden wäre. Aber 2009 brannte es in dem Club. Übrig blieben Ruinen, viel Schutt und eine letzte Baracke. Da fand sich eine Gruppe, die beschloss, dass hier mitten im Niemandsland zwischen den Bahngleisen ein unvergleichliches Potenzial steckt, und damit begann, das Gelände aufzuräumen. Das hat ein ganzes Jahr lang gedauert. Herausgekommen ist ein besonders hübscher Abenteuerort ganz nach alter Manier. An den Birkenzweigen über den Biertischen hängen Lampions, im Innern finden Konzerte statt, und in den Ruinen des ehemaligen Clubs sind die Kinosäle untergebracht, mit und ohne Dach. Auf den Mauern, die den Blick in den Himmel freigeben, stehen noch die Graffitis aus Club-Zeiten. Und nicht selten geht während der Filmvorführung dann über der Leinwand der Mond auf.

Diese besonderen Momente, die aus dem Improvisierten heraus ganz ungeplant entstehen, machen die »Zukunft« aus. Und das Ungeplante hat schließlich auch den Geist der alten Zeiten bestimmt. Man könnte es auch den »Geist des Machens« nennen. Denn hier haben die Kinofreunde einfach losgelegt und so Stück für Stück das Gelände wieder zurückerobert.

Sie wissen es selbst, und so steht es auch auf der Homepage von der »Zukunft«: »Sie ist einer der letzten interessanten Orte dieser Stadt.«

Adresse Laskerstraße 5, 10245 Berlin-Friedrichshain, www.zukunft-ostkreuz.de | **Öffnungszeiten** siehe Homepage | **ÖPNV** S 5, S 7, S 75, Haltestelle Ostkreuz; Bus 194, 347, Haltestelle Markgrafendamm | **Tipp** Wild feiern: Der »Salon zur wilden Renate«, Alt-Stralau 70, ist ein ganzes Haus fürs Amüsemong: viele Tanzflächen und hübsche Wohnzimmerecken.

111 Die Zwingli-Kirche

Showroom in der Lichterstadt

»Klick« macht es laut und deutlich, und dann gehen unter dem hohen Gewölbe unzählige Glühbirnen an. Als ob jemand auf einem Rummel ein Fahrgeschäft angeschaltet hätte. Die Birnen reihen sich überall in der Kirche wie Lichterketten in den unterschiedlichsten Formationen aneinander.

Als die Zwingli-Kirche 1908 fertig wurde, feierten die Osram-Werke nebenan an der Warschauer Brücke den Siegeszug der Glühbirne – und sponserten angesichts dieser bahnbrechenden Erfindung, die ein ganz neues Lebensgefühl prophezeite, ihre moderne Beleuchtung für die Kirche. Und zwar nicht zu knapp: Die Fassungen wurden kreisförmig an den Decken angebracht, riesenhafte Glühbirnenkränze hingen in den Raum hinunter. Vor den vielen Jugendstil-Konsolen entlang der Brüstung wurden immer vier Glühbirnen an einem eisernen Kettchen installiert, und der Altar wurde von beiden Seiten von Lichterketten-Reihen angestrahlt. Es dauerte nicht lange, und das kleine Viertel zwischen Spree und Eisenbahn hatte einen neuen und zum ersten Mal eigenen Namen: die Lichterstadt.

Nach dem Mauerbau stand die Glühbirnen-Kirche mit einem Mal in einem Randbezirk, der immer mehr verkam und wo niemand mehr freiwillig hinzog. Nur die Schichtwechsel im NARVA-Glühlampen-Werk belebten die Straßen rund um den Rudolfplatz. Als der Pfarrer der Gemeinde nach zwei Jahren verstarb, wurde die Kirche geschlossen.

Der Verein »KulturRaum Zwingli-Kirche« hat die verzierte Portaltür im Jahr 2007 wieder geöffnet. Die Wandmalereien werden Stück für Stück restauriert und die kaputten Glühbirnen ausgetauscht. Es finden Lesungen, Ausstellungen und Kinoabende statt. Themen sind nicht selten die Geschichte des Stadtteils und die Weiterentwicklung des Viertels von der Wende bis heute. Die Zwingli-Kirche ist heute wieder ein für alle offener Ort, ein Showroom für seinen Kiez, Berlins Lichterstadt.

Adresse KulturRaum Zwingli-Kirche e. V., Rotherstraße 3, 10245 Berlin-Friedrichshain | **ÖPNV** S 5, S 7, S 75, U 8, Haltestelle Warschauer Straße; Bus 347, Haltestelle Stralauer Allee | **Tipp** »Zur Glühlampe«: Die legendäre Kneipe in der Lehmbruckstraße 1, in der sich die Arbeiter aus dem NARVA-Glühlampenwerk trafen, ist heute ein angesagter Club mit Livemusik.

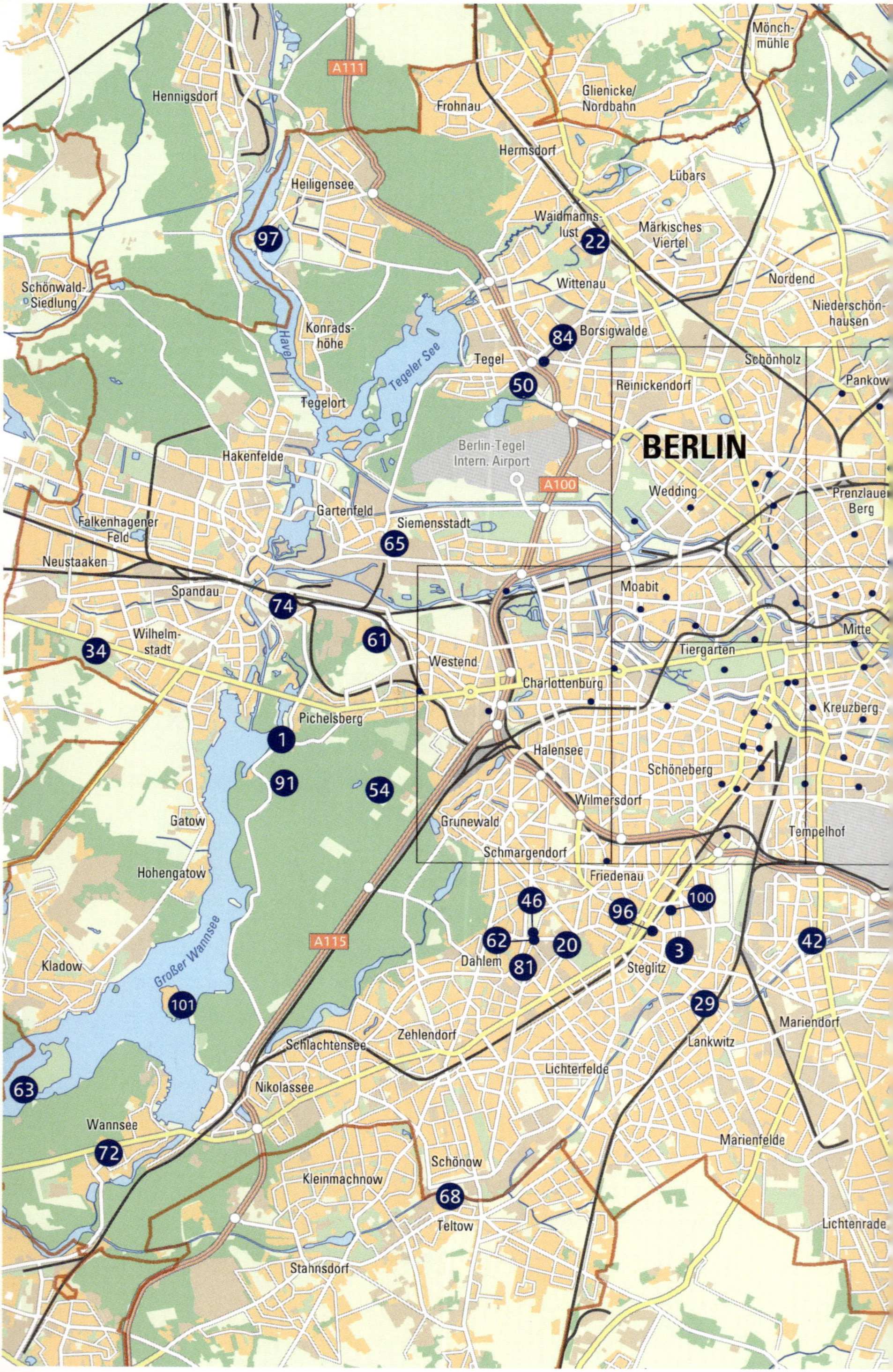

Mönch-mühle
A111
Hennigsdorf
Frohnau
Glienicke/Nordbahn
Hermsdorf
Lübars
Heiligensee
Waidmanns-lust
Märkisches Viertel
Wittenau
Nordend
Niederschön-hausen
Schönwald-Siedlung
Konrads-höhe
Havel
Tegeler See
Borsigwalde
Tegel
Schönholz
Reinickendorf
Pankow
Tegelort
BERLIN
Hakenfelde
Berlin-Tegel Intern. Airport
A100
Wedding
Prenzlauer Berg
Gartenfeld
Siemensstadt
Falkenhagener Feld
Neustaaken
Spandau
Moabit
Mitte
Wilhelm-stadt
Tiergarten
Westend
Charlottenburg
Kreuzberg
Pichelsberg
Halensee
Schöneberg
Gatow
Wilmersdorf
Grunewald
Tempelhof
Schmargendorf
Hohengatow
Friedenau
A115
Dahlem
Steglitz
Kladow
Großer Wannsee
Mariendorf
Schlachtensee
Zehlendorf
Lankwitz
Lichterfelde
Nikolassee
Wannsee
Marienfelde
Schönow
Kleinmachnow
Teltow
Lichtenrade
Stahnsdorf
97
22
84
50
65
74
61
34
1
91
54
46
100
96
62
20
3
42
81
29
101
63
72
68

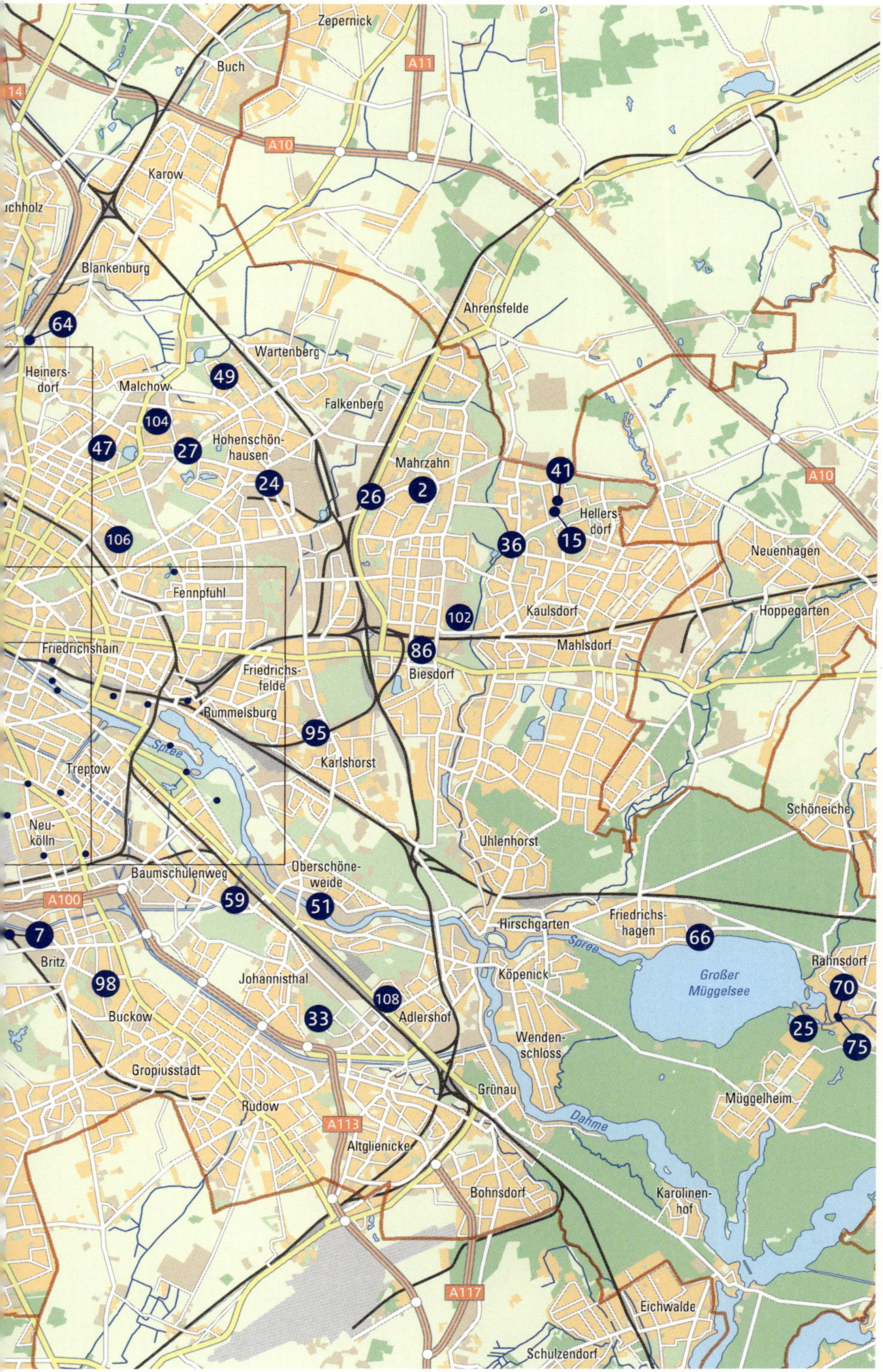

Zepernick
Buch
A11
A10
Karow
Blankenburg
Ahrensfelde
Wartenberg
Heiners-
dorf
Malchow
Falkenberg
Hohenschön-
hausen
Mahrzahn
Hellers-
dorf
Neuenhagen
Fennpfuhl
Kaulsdorf
Hoppegarten
Mahlsdorf
Friedrichshain
Friedrichs-
felde
Biesdorf
Rummelsburg
Spree
Karlshorst
Treptow
Schöneiche
Neu-
kölln
Uhlenhorst
Baumschulenweg
Oberschöne-
weide
A100
Hirschgarten
Friedrichs-
hagen
Britz
Köpenick
Großer
Müggelsee
Rahnsdorf
Johannisthal
Buckow
Adlershof
Wenden-
schloss
Gropiusstadt
Grünau
Müggelheim
Rudow
Dahme
A113
Altglienicke
Bohnsdorf
Karolinen-
hof
A117
Eichwalde
Schulzendorf
64
49
104
47
27
24
26
2
41
15
36
106
102
86
95
59
51
7
66
98
70
25
75
108
33

0
2km
R. Spohner
A11
A111
A114
A10
A100
A115
A113
Klemkestraße
Lindauer Allee
Residenzstraße
Emmentaler Straße
Reginhardstraße
Provinzstraße
Gotthardstraße
Holländerstraße
Residenzstraße
Markstraße
Osloer Straße
Prinzenallee
28
Müllerstraße
Seestraße
77
Badstraße
31
Reinickendorfer Straße
Müllerstraße
Schulstraße
107
4
Luxemburger Straße
Seestraße
35
Föhrer Straße
Fennstraße
52
Chausseestraße
Heidestraße
Siemensstraße
Perleberger Straße
Pulitzstraße
Beusselstraße
Rathenower Straße
6
Turmstraße
Stromstraße
Invalidenstraße
99
105
Alt-Moabit
Alt-Moabit
Tiergartentunnel
Helmholtzstraße
Lessingstraße
58
Paulstraße
Franklinstraße
Levetzowstraße
Spree
21

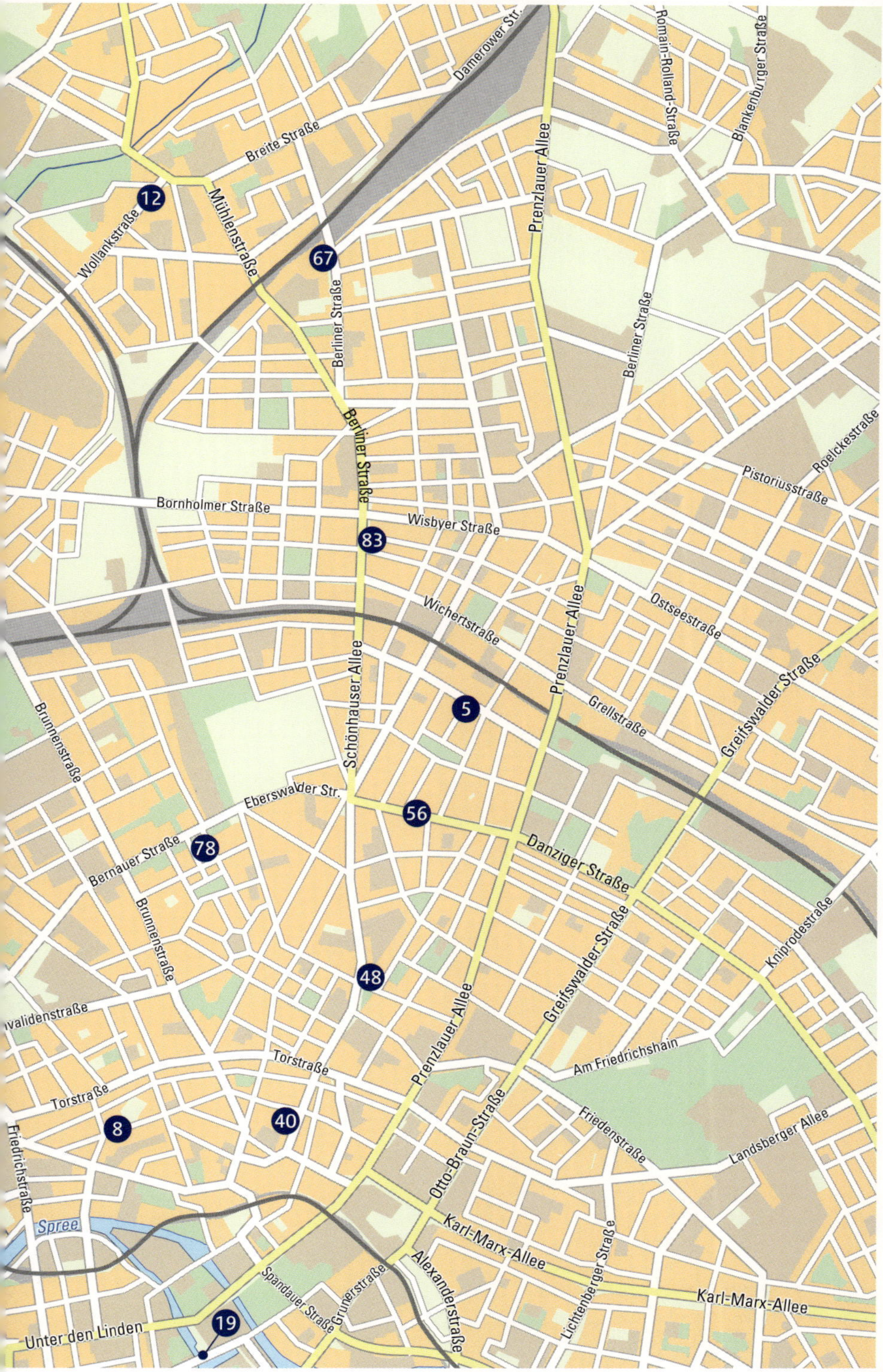

Damerower Str.
Romain-Rolland-Straße
Blankenburger Straße
Breite Straße
Mühlenstraße
Wollankstraße
Prenzlauer Allee
Berliner Straße
Berliner Straße
Berliner Straße
Roelckestraße
Pistoriusstraße
Bornholmer Straße
Wisbyer Straße
Wichertstraße
Ostseestraße
Prenzlauer Allee
Schönhauser Allee
Grellstraße
Greifswalder Straße
Brunnenstraße
Eberswalder Str.
Danziger Straße
Bernauer Straße
Brunnenstraße
Kniprodestraße
Greifswalder Straße
Invalidenstraße
Prenzlauer Allee
Am Friedrichshain
Torstraße
Torstraße
Otto-Braun-Straße
Friedenstraße
Landsberger Allee
Friedrichstraße
Spree
Karl-Marx-Allee
Lichtenberger Straße
Alexanderstraße
Grunerstraße
Spandauer Straße
Karl-Marx-Allee
Unter den Linden
12
67
83
5
56
78
48
40
8
19

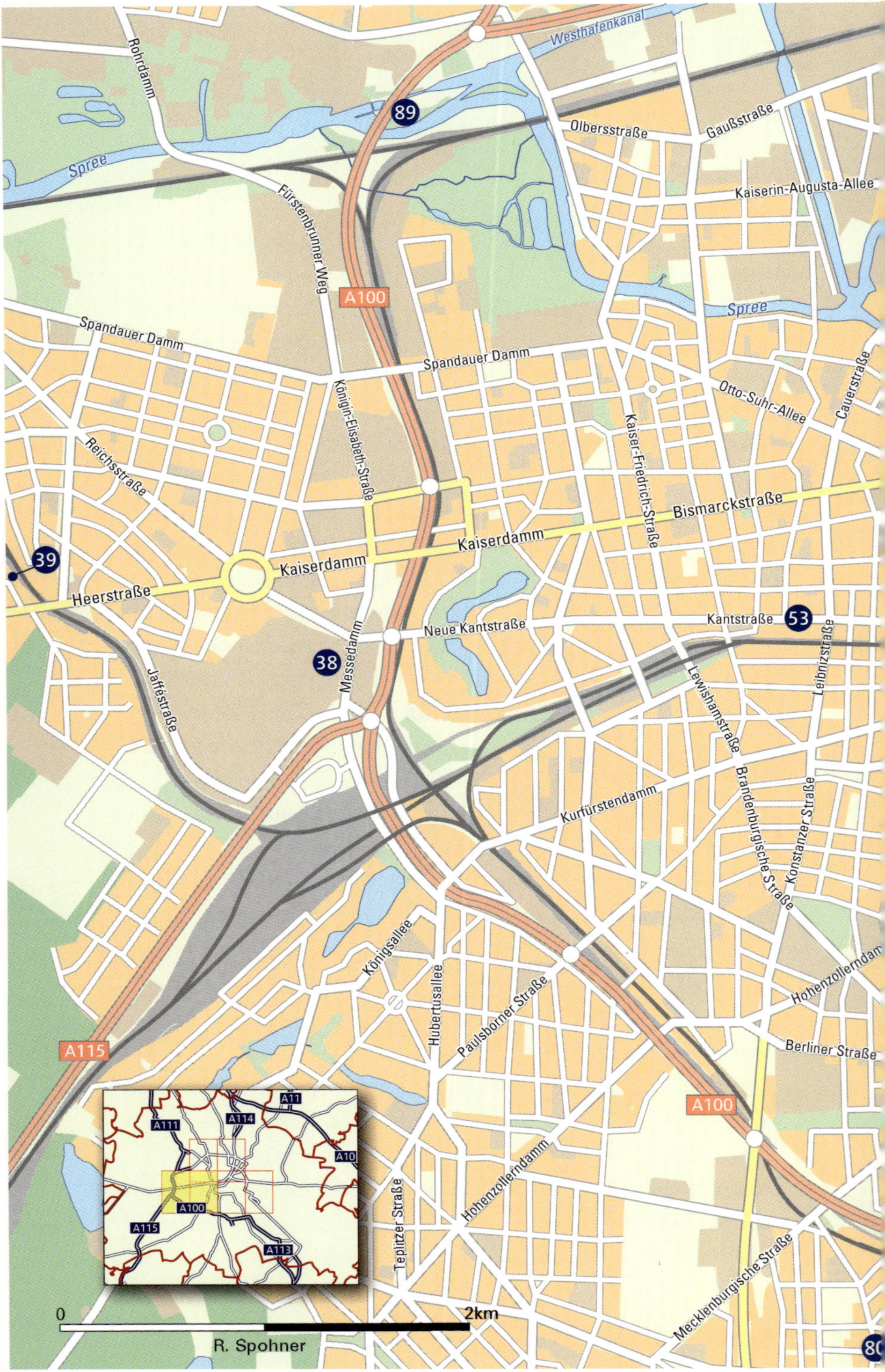

Westhafenkanal
Rohrdamm
89
Spree
Olbersstraße
Gaußstraße
Kaiserin-Augusta-Allee
Fürstenbrunner Weg
A100
Spree
Spandauer Damm
Spandauer Damm
Otto-Suhr-Allee
Cauerstraße
Königin-Elisabeth-Straße
Kaiser-Friedrich-Straße
Reichsstraße
Bismarckstraße
Kaiserdamm
39
Kaiserdamm
Heerstraße
Kantstraße
53
Neue Kantstraße
Leibnizstraße
38
Messedamm
Jafféstraße
Lewishamstraße
Kurfürstendamm
Brandenburgische Straße
Konstanzer Straße
Königsallee
Hubertusallee
Paulsborner Straße
Hohenzollerndamm
Berliner Straße
A115
A100
A11
A111
A114
A10
A100
A115
A113
Hohenzollerndamm
Teplitzer Straße
Mecklenburgische Straße
0
2km
R. Spohner
80

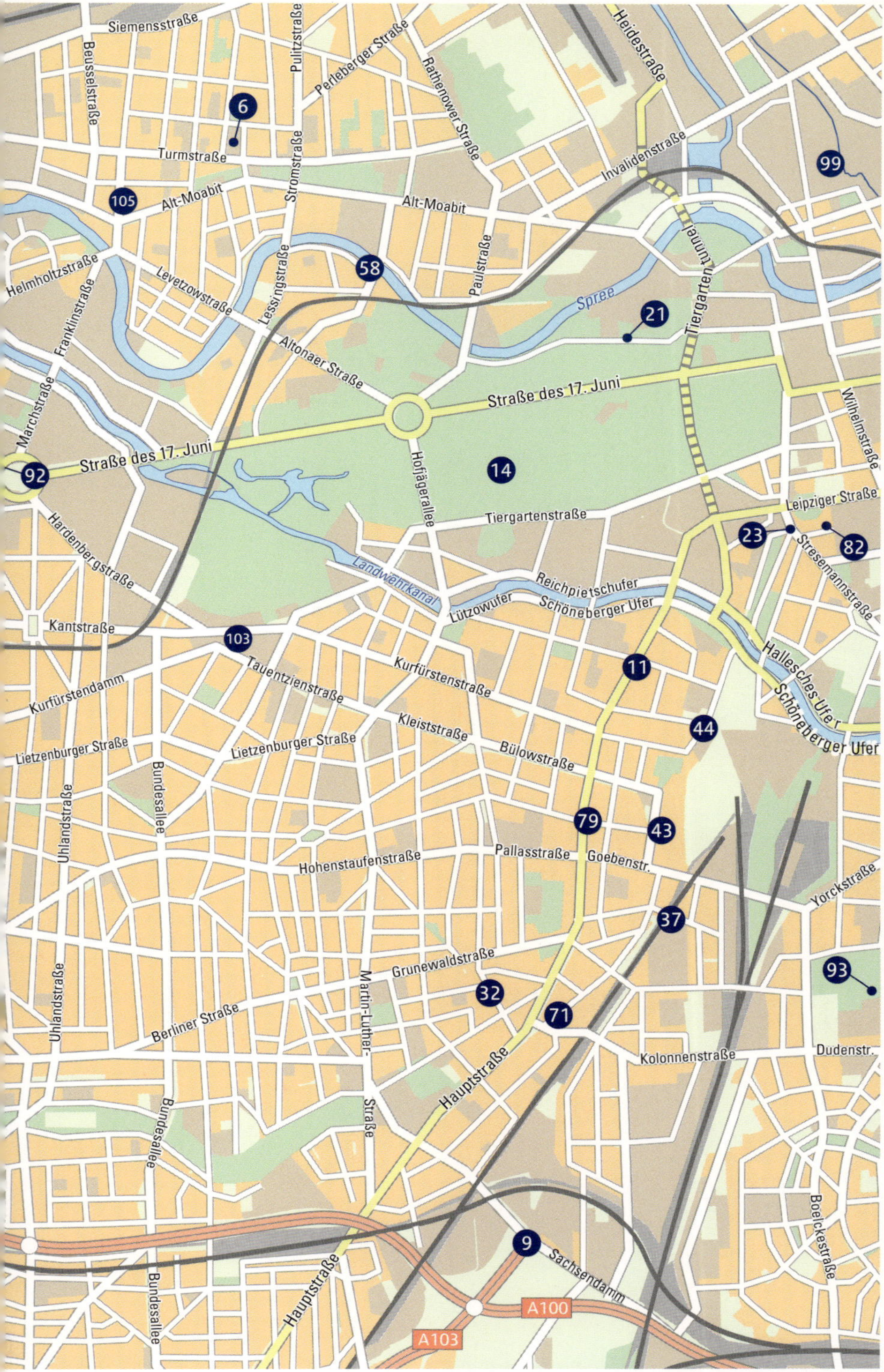

Siemensstraße
Beusselstraße
Pulitzstraße
Perleberger Straße
Rathenower Straße
Heidestraße
6
Turmstraße
Stromstraße
Invalidenstraße
99
105
Alt-Moabit
Alt-Moabit
Tiergarten Tunnel
Helmholtzstraße
Lessingstraße
58
Paulstraße
Franklinstraße
Levetzowstraße
Spree
21
Altonaer Straße
Straße des 17. Juni
Wilhelmstraße
Marchstraße
Straße des 17. Juni
92
Hofjägerallee
14
Tiergartenstraße
Leipziger Straße
23
82
Hardenbergstraße
Stresemannstraße
Landwehrkanal
Reichpietschufer
Lützowufer
Schöneberger Ufer
Kantstraße
103
Tauentzienstraße
Kurfürstenstraße
11
Hallesches Ufer
Kurfürstendamm
Schöneberger Ufer
Kleiststraße
44
Lietzenburger Straße
Lietzenburger Straße
Bülowstraße
Bundesallee
Uhlandstraße
79
43
Pallasstraße
Goebenstr.
Hohenstaufenstraße
Yorckstraße
37
Grunewaldstraße
93
Martin-Luther-Straße
32
71
Uhlandstraße
Berliner Straße
Kolonnenstraße
Dudenstr.
Hauptstraße
Bundesallee
Boelckestraße
9
Sachsendamm
Bundesallee
Hauptstraße
A100
A103

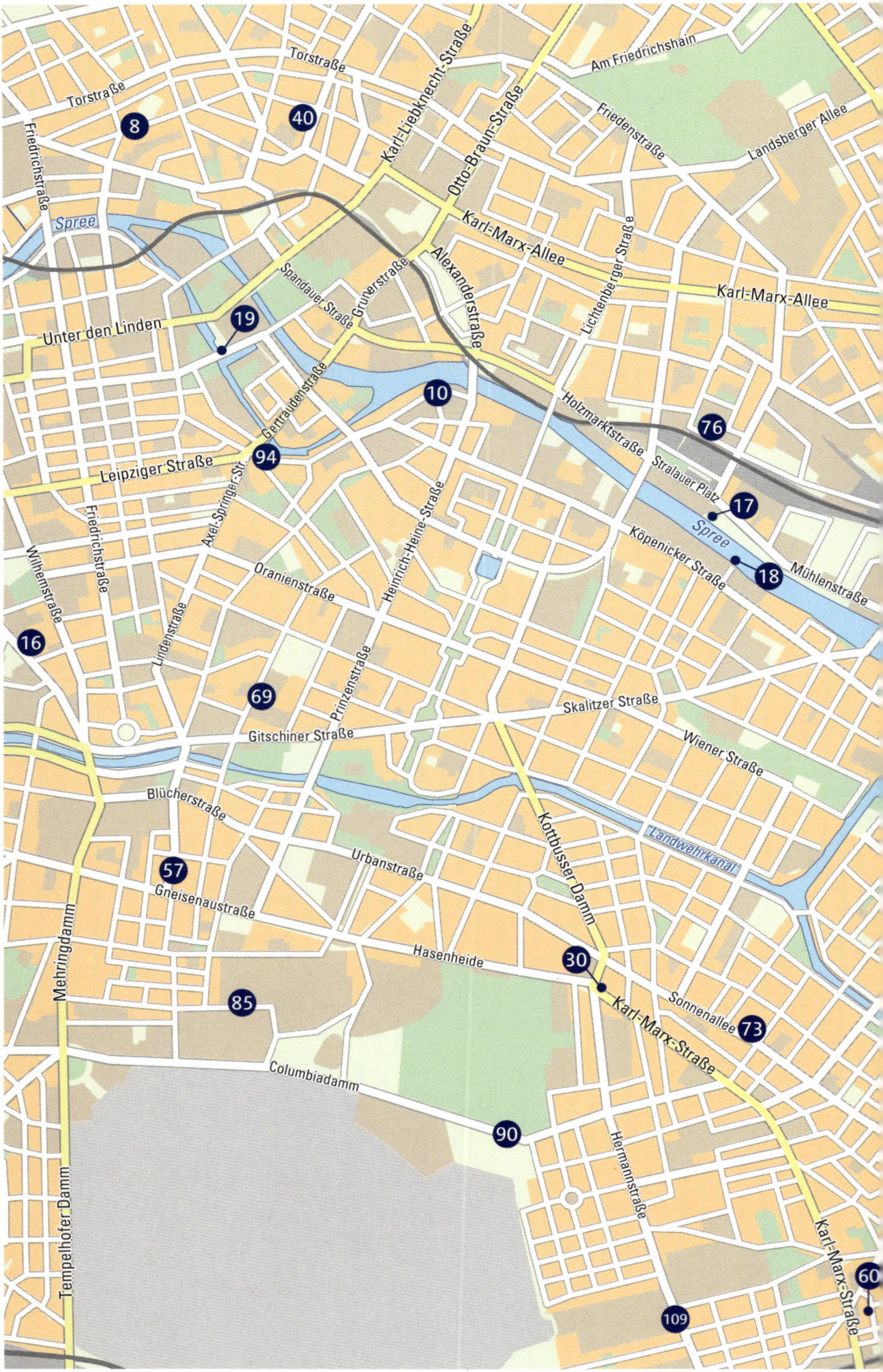
Torstraße
Torstraße
Am Friedrichshain
Friedenstraße
Landsberger Allee
Karl-Liebknecht-Straße
Otto-Braun-Straße
Friedrichstraße
Spree
Karl-Marx-Allee
Karl-Marx-Allee
Lichtenberger Straße
Alexanderstraße
Spandauer Straße
Grunerstraße
Unter den Linden
Gertraudenstraße
Holzmarktstraße
Stralauer Platz
Leipziger Straße
Axel-Springer-Str.
Heinrich-Heine-Straße
Spree
Köpenicker Straße
Mühlenstraße
Friedrichstraße
Wilhelmstraße
Oranienstraße
Lindenstraße
Prinzenstraße
Skalitzer Straße
Wiener Straße
Gitschiner Straße
Blücherstraße
Kottbusser Damm
Landwehrkanal
Urbanstraße
Gneisenaustraße
Mehringdamm
Hasenheide
Sonnenallee
Karl-Marx-Straße
Columbiadamm
Hermannstraße
Tempelhofer Damm
Karl-Marx-Straße
8
40
19
10
76
94
17
18
16
69
57
30
85
73
90
60
109

Landsberger Allee
55
Vulkanstraße
Siegfriedstraße
Storkower Straße
Möllendorffstraße
Ruschestraße
Petersburger Straße
Frankfurter Allee
Frankfurter Allee
Warschauer Straße
111
110
Hauptstraße
88
Stralauer Allee
Rummelsburger See
Spree
Puschkin Allee
An den Treptowers
Hauptstraße
87
Puschkin Allee
45
Köpenicker Chaussee
Am Treptower Park
Bulgarische Str.
Kiefholzstraße
13
Neukollner Schifffahrtskanal
Neue Krugallee
Köpenicker Landstraße
Sonnenallee
Dammweg
Kiefholzstraße
A111
A114
A11
A10
A100
A115
A113
0
2km
R. Spohner

Die Autorin

Lucia Jay von Seldeneck wurde 1977 in Berlin geboren und ist dort aufgewachsen. Sie erlebte die Maueröffnung und ist fasziniert von dieser Stadt und ihrer unaufhaltsamen Veränderung. Lucia Jay von Seldeneck studierte Lateinamerikanistik und Publizistik in Berlin und Valencia und arbeitet als freie Journalistin. Seit der Gründung des »Heimathafen Neukölln« im Jahr 2007 leitet sie die Presse- und Öffentlichkeitsarbeit in dem Neuköllner Theater.

Die Fotografin

Verena Eidel ist freie Fotografin und Grafikerin. Sie war schon immer von dem eigenwilligen Charme ihrer Geburtsstadt fasziniert. Als eine Großstadt im Abseits definierte sich Berlin nach dem Fall der Mauer in atemberaubendem Tempo komplett neu. Wie schon so oft davor. Eine Stadt in andauernder Bewegung – so wird Verena Eidel selbst als Berliner »Urgestein« nicht müde, hier auf Entdeckungsreise zu gehen.

Recherche

Carolin Huder lebt seit ihrer Kindheit in Berlin und ihr ist seit jeher bewusst, wie viel Potenzial in dieser Stadt steckt. Sie ist diplomierte Geographin und Kulturmanagerin und hat während ihrer langjährigen Arbeit in der Berliner Künstlerszene viele Kontakte geknüpft und spannende Kultur-Projekte begleitet – und ist beeindruckt von den Menschen und ihren Ideen.